*Guenizah, Le Septième Livre*

# Genizah

## Le Septième Livre

Books en Demand

Guenizah, Le Septième Livre

# Genizah
## Le Septième Livre

### I.
Introït

Septuple hydre décomposée de Démosthène,
Chevauche le Dragon, robe de sang, la Reine.
Triomphe, de la nuit, la nymphe souveraine.
Sonne son treizième coup, l'horloge d'ébène.
Se tait le cavalier solitaire à la plume
Dont le spectre croisé miroite dans la brume.
Les cendres de la mer se mêlent à l'écume.

### II.
La Lance baissée

Noir valet servant le Graal couronnant Vénus,
Par Don Quichotte adoubé, le fol solitaire
Visite les tréfonds sépulcraux de la terre.
Se complète le ciel de Ptolémée Lagus.
La pierre sur le sol tombée du Cosmos,
Cœur d'un corps piqué d'acupuncture stellaire,
Du cycle d'Abracax s'ordonne le Chaos.

### III.

#### Spirale polaire

Lignes de civilisation du Mont Poupet,
Aux intersections, les Deltas en archipels
Aspirent les populations de leurs appels.
Le consolateur s'enlace, serpent complet.
Le sel paracelsien se noue en basilic
Des éléments, telle une hydre à son ombilic.
La surpopulation s'élève, ravie,
Par une autre conscience, à la nouvelle vie.
L'incarné d'Osiris traverse la porte, anse,
Cheminant par le dédale de la souffrance,
Le sujet crée le souvenir de la conscience.

### IV.

#### La Toison obscure

Alvéoles luisant sur la panthère noire,
La lumière chatoie, révélant sa structure,
Géométrie mystique inscrite en sa fourrure.
Les formes créent leurs couleurs, chaos éclairé.
Comme la voûte étoilée d'une ruche en gloire,
S'élève de la nuit le flambeau reflété.

V.

D'un arbre enraciné au ciel mimétique,
Pavés damés d'un code, miroitent leurs cours.
Firmament, sombre une alchimie séphirotique.
Aux clartés ferme l'œil le borgne, oiseau runique,
D'Yggdrasil aux Qliphoth d'un Oïdípous christique.
Entrelacs serpentant par d'infinis retours,
Plonge en son propre cœur la boucle en ses retours.

VI.

Les Mondes en sommeil

L'Ile tournoyante, engloutie du ciel,
Remontera, perpendiculaire archipel,
Des brumes à l'occident du septentrion
Balayées, miroir vaporeux, par l'Aquilon.
Non loin, verdoient les côtes de contrées druidiques
Dont les Anciens voyaient leurs doubles mimétiques.
Bâtie par une infâme télékinésie,
La Cité Fantôme affleure en Micronésie.
Des arcanes égyptiens à la ziggurat,
Dans le Cosmos exprimant l'harmonie de Maât,
De Séléné en larmes, un flux secret coule,
Alphabet phénicien reflété qui s'enroule
Dans les boucles, en l'homme inscrivant sa structure,
D'un caducée coagulant la glaise pure.
Au trente-troisième jour grégorien,
Se partage en dix parts la galette lunaire
Ainsi que des quartiers croisés d'un planisphère.
Le dragon cosmique est libéré de son lien.

## VII.
### Lamentations euphoriques

Mur polygonal delphique où s'aligne une ode
Telle criée par un bouc mûr d'ivresse sacrée,
La pierre exacte en texte imbriquée ne s'érode.
Se dénudant, muée, une danse d'Hérode
Ondule en serpentant vers le cœur du rhapsode.
Déploie sa toile arachnéenne, orientée,
Vénus vénérée en soi-même renversée,
D'Alésia mystère d'Eleusis, arquée
Ainsi que sur la terre une étoile d'Archée.

## VIII.
### Placébo

Placez bas l'encens, même loin dessous la couche,
Afin de finement tirer le phylactère
Tel un génie fumant d'Hokusaï par la bouche,
Qui serpente dans l'air comme un esprit maya.
Vénus louche par du labyrinthe en un pli.
Une mouche sourd sous la lampe, sombre aura.
Soudain, la meurtrière ouvre la trappe au ciel.
L'odeur s'en va par la fenêtre pour la taire.

*Guenizah, Le Septième Livre*

L'ombre, du chien assis, rampant pousse un cri,
Quand l'insouciant rêveur sur le dos se couche.

D'un flacon, d'une lampe à huile, esprit farouche,
Fourche la langue triviale au sort véniel.
Une petite fée verte est passée dans l'œil
De la conscience égarée errant sur le seuil.
Les galaxies se développent en spirale
Où dansent les astres autour d'ions étoilés.
Se débat la nymphe à peine envolée, fatale,
Comme un rêve fixement, transpercé, qui bouge.
Le drapeau du Grand Œuvre de nuit, blanc, puis rouge
Flotte tel un flambeau des matins espérés.

IX.
Clarté sanglante

Comme un souterrain couloir sous la grange,
Franges, des racines, dessous la fange,
Frisent les anglaises en cheveux d'ange.
Se coude le dolmen astronomique,
Du fond d'un caveau, cadre concentrique
D'un calendrier solaire à Stonehenge,
De Rosslyn, croisés à chaque losange,
Angles des solstices localisés.
Se perpétue le sang philosophique
Où bâtirent les plus sages croisés.

*Guenizah, Le Septième Livre*

X.
N'as-tu rien fait pour moi

Rêve réminiscent

Du haut des créneaux, parée d'une robe obscure
Ainsi que les noirs reflets de sa chevelure,
Majestueuse, elle s'avançait vers le vide
Comme au rythme d'un chant froid, une lourde chaîne,
Dans la fourrure engoncée de sa sombre traîne,
Serrant son cou d'une blancheur presque viride.
Caché derrière un large bord de la fenêtre,
Je n'osai l'arrêter, pour la suivre peut-être.

XI.
Les Fruits nocturnes

Passant le seuil de la hutte aux parfums brumeux,
Le berger sauvage a quitté les monts heureux.
Du pain et de la bière échauffements charnels,
S'accomplissent du feu les songes rituels.
Le sage singe inscrit, scribe dessous la lune,
Le destin des consciences, unie chacune.
Et le compas mélancolique de Saturne
Tourne au fil céleste en sa quête taciturne.

*Guenizah, Le Septième Livre*

XII.
Teufelsgrund


…a ses raisons.


Le bosquet de coudriers où je m'enfonçais,
Jouant des coudes, imaginant les secrets
De cette forêt de sorcières, vaguement,
Tandis que l'ombre y frémissait en ondulant,
Semblait murmurer le bienveillant langage
Fertilisant le sein d'une prêtresse sage.
Quand soudain se révéla, sombre féerie,
D'entre les petits sapins, ronde galerie,
La grotte obscure où je pénétrai, fasciné
Par le confus appel d'un lieu familier.


XIII.
Le Mythe perpétuel


Ainsi qu'Osiris, le voleur astronomique
Accomplit son parcours, écho labyrinthique.
Et l'architecte trahi, tel Pan démembré
Croît dans les branches de l'acacia divisé.
Au jour mortel de Vénus, réduit à se pendre
En l'arbre de la Pierre, le feu va descendre.
Mais enfin le serpent se mord la queue, racine
Où la finalité se joint à l'origine.


*Guenizah, Le Septième Livre*

## XIV.
### Vénération cynique

Orienté par les flux de chtoniens courants,
Equilibre en la tête du chacal, d'aimants,
S'ajustent les pôles de la boussole, aux crans
De la rose des sables structurée aux vents.
Vénus resplendit à l'occident des levants.
La caravane étouffe, angoisse innée du temps.
Sous le poids vénal de leur cœur les pas pesants,
Le chien dans le désert guide les morts errants.


## XV.
### Fixation

Abattue au sol d'un trait sous le soleil d'or,
D'un vert sanglant de feu, se meurt la manticore.
De ses ailes en caducée, la mandragore,
Suprême extase, enfin, serpente sans effort.
La plante du dragon grimpe, sa griffe au corps
Plantée comme les fers d'un cheval à son mors.

14

## XVI.
### Le Cadre

A l'orient se lève la constellation.
Mystiquement mythique, s'achève Orion.
Rien ne s'émeut au ciel, or que tout se meut juste.
Illusion diaphane et pure d'un vœu fruste.

## XVII.
### Incarnation tardive

Enfin, la voie est belle, en oubli bleu ouverte.
Arde le désespoir triomphant de la perte.
Du delirium tremens secousses d'un lit,
Par télékinésie, démon qui se nourrit.
La mort est volontaire, en continuité.
Possession sans fin de la grande clarté.

## XVIII.
### La Déviation juste

Equilibre universel des possessions,
Le serpent rêve l'harmonie cosmique, inerte.
Le chaos se construit. Se séparent à perte
En un jeu de miroirs, les choses confrontées.
Intuition perdue d'un songe aborigène,
Se reconstitue la conscience autogène.
Dédoublement quantique de l'ombre au soleil,
Déambule la tradition en sommeil
Comme un long labyrinthe où le reptile traîne.
De la matière se noue, tension des passions,
L'unique concentration des vies éclatées.


## XIX.
### Ouvrez la Porte

Assassiné d'ivresse en son temple achevé,
Osiris panique, sagement démembré.
Pentacle au parvis de Saint Saulve de Montreuil,
Le doigt à l'angle du trilobe montre l'œil.
L'abbé de Montesquiou savait pour le Démiurge,
De même en son désir rabelaisien, Panurge !
Equilibre des temps sondé par Montesquieu,
Le niveau de la voûte astrale au milieu.


*Guenizah, Le Septième Livre*

## XX.
### La Réincarnation d'un songe

Dans un rêve aventureux et géométrique,
En barque basculant sous l'arc entre colonnes
Du Tower Bridge, ô mon souvenir, tu résonnes.
Où scintille la structure de la lumière,
En alvéole à cinq pans mire la frontière
Sa mise en abyme. Et retourne, génétique.


## XXI.
### Les Choses de souvent

De la tendresse profonde ainsi qu'une flamme
Frissonne dans mon sein la distante froideur.
Bientôt refermerait, recroquevillé,
Ses ailes d'os et de chair mon cœur pétrifié.
Semblant du ménestrel transi l'unique fleur,
-Seconde d'un sourire, un monde est pardonné.-
Petite pensée sauvage au fond de mon âme,
Grandit le gouffre où je m'abîme avec douceur,
Pour verser avant l'amnésie l'ultime pleur.

## XXII.
### A trois heures du matin

A l'heure des miracles noirs
Où tisse l'araignée des soirs,
A l'angle du plafond regarde
La forme obscure, idée blafarde.
De ses yeux rouges perçant
La nuit brûlante, -Un chat persan
A moins de froideur.- le rampant
Lucifuge arde, dispersant
Tout espoir, de la compassion
Attisant la dépression
Nourrissant sa forme sans fin
Tel le vortex d'un lieu malsain.

## XXIII.
### L'Espace du Sabre

Parmi de démons la cour
Marche dans l'obscurité,
Comme un somnambule armé
De son bouclier d'amour.
J'ai froid jusqu'au fond du cœur.
Tels deux samouraïs, qui danse,
Se meurt
A fleur la distance.

*Guenizah, Le Septième Livre*

## XXIV.
### Ecrasement

Des tendresses perdues l'angoisse fouille en soi,
Luttes intérieures au cœur acharnées,
Essuyant en vain des pleurs en chairs arrachées.
D'un cri introspectif, le sanglot reste coi.
Quand éclatant enfin, le sein martyr implose,
Ouvrant l'essor de sa sombre métamorphose.


## XXV.
### Suffocation d'amour

Sa voix résonne en moi, éternisée,
Comme une nymphe à la source imprégnée.
A pleins poumons, serré par la dryade
Je dégusterai ma lente noyade.
Née en un émoi des sanglots troublés
Du ruisseau sylvestre aux rêves baignés,
L'émotion s'engloutit par saccades
Ainsi que les flots glacés de cascades.
Où nous étions semble m'appeler.
Le noir néant s'estompe, illuminé.

## XXVI.
### Le Temple de Vénus

D'Orphée démembré chant sur le fleuve bleuté,
Osiris panique ainsi le pain partagé
Enivré d'un sang d'architecte sacrifié.
Ma passion, tel un oiseau décapité,
Enfle son cœur ouvert aux griffes, déchiré
Par la caresse au froid frisson tant désiré.


## XXVII.
### Langueur subtile

Pour la vie ou la profondeur, quelle importance ?
Que règne seul entre nos soupirs, le silence.
Le temps, cette illusion du vide, est aboli
Entre tes bras où se referme un secret nid
D'où mon extase s'envole pour à jamais.
Volupté de l'oubli aux vouloirs imparfaits !

## XXVIII.

### Mon cœur est mort

Désamorcer la violence par le pardon.
Pédagogie sociétale, au fil d'un âge.
L'Empereur laissant la vie sauve lance un don,
Et porte chance par trahison, le juron.
Lambeau rougeâtre, éclaté sous un coup de serre,
Mon sein verse une cascade de sang sauvage.
J'ai bien assez gesticulé sur la terre.


## XXIX.

L'Idéal est en nous, que tu y croies ou pas ;
Dans chacun des soupirs de tendresse pour toi.
En vain, parmi les filaments, se meut l'émoi,
Des humaines passions ivres jusqu'au trépas
Comme une gigantesque et cosmique conscience.
Mais cette illusion, parmi l'éther immense
Résonne sans raison, d'un décret triomphant,
De son dictame, si de loin ton cœur m'entend.

Ma petite fée-fleur en secret se déploie
Ainsi qu'un papillon au milieu de sa soie
Dans le mien, tant séché, qu'à revivre, il se noie.

## XXX.
### Le Fils sauvage

Le matin se décante en lourde lumière.
Dans les forêts de sapins brumeuses et graves,
Wolfdietrich, l'enfant-loup, mène parmi les caves
Rocheuses ses amis jusqu'à la tanière.
Je songe à Enkidou, rampant dans le désert,
A Remus, à Victor, à l'Inde, en un éclair.
L'horizon est creusé par la crête vosgienne.
Le fils désenchanté, sans faim, tête la chienne.


## XXXI.
### Etreinte inepte

Comme une fée dont je bats du rythme des ailes,
Se ravivent du brasier mort les étincelles.
O sirène aquiline aux limpides prunelles !
Tu m'emportes toujours vers un bonheur plus beau,
M'enlaçant tel un ange portant son flambeau,
A chaque fois pour me relâcher de plus haut.
Plus jamais par l'incertitude terrifié,
Ah ! Au creux de la tombe me réfugier,
Dans les bras de la douce Mort, pétrifié.

## XXXII.
### Mirage en vers blancs

L'inclinaison de l'épaule est un signe.
De Paul, l'édifice à Londinium
Forme un juste Upsilon, angle au solstice.
Portrait de Bach comme une Vierge noire,
Des structures du corps et du cerveau,
Le Nombre ancien régit jusqu'à notre âme.
L'imperfection quantique y participe,
Globalité des possibilités
Déployant sa structure universelle.
Le fini existe par l'infini.
La spirale d'or construit ses fractales
S'embouclant en démultiplications.

## XXXIII.
### Romantisme frénétique

La nuit dans le noir,
Par les rues sans conscience,
Je me languis d'espoir
Comme un vieux Jeune-France.
Le jour sous les auspices
D'Haborym, bleus supplices,
S'embrasent les demeures.
Ma flamme que tu meures !

## XXXIV.
### A Sabrina

Je suis tel Pygmalion face à son idéal
Vivant ; vivifié en un souffle fatal
Par la fée adorée, statuaire émouvante.
Comme un scorpion piquant son cœur, extase lente,
S'éveille en mon esprit, fondant l'oubli glacial,
Qui s'anime à nouveau, l'inspiration absente
Du sein vidé de soupirs, à craquer rempli
Tant il aspire à rompre sur toi son repli.

## XXXV.
### Insensible

Une fois, j'ai vécu un amour pur et beau.
A présent, mon cœur s'est fermé tel un pavot.
Et la pierre bâtissant cet affreux caveau
M'emmure insensiblement par son vide écho.
Tout est bien creux, mon âme. Et dans le caniveau,
Je me veux allonger pour mourir à nouveau.

*Guenizah, Le Septième Livre*

## XXXVI.
### Les Naissances symboliques

Des milles et des cents en six virent la rose
Sur la pierre cubique ouverte, qui repose.
Puis du septuor d'ascèse en sa rectitude,
Le compas saturnien s'ajusta pour l'étude.
Astre noir, d'un soleil neuf, monta, ténébreux,
Un ordre obscur au paroxysme de son creux.


## XXXVII.
### Sédentarisation

Des tréfonds verdoyants d'une sylve sans âge,
Le dragon gronde en frissonnant dans le feuillage.
Le galopant cornu des bois s'enivre, sage,
Quand la prostituée initie le sauvage.
Mais bientôt, le frère avide de carnage
Vend la vie du nomade érigeant son village.
De la hutte incendiée flotte encor le nuage
Quand le caprin retourne au morne paysage
Dévastant les orges en feu sur son passage.

## XXXVIII.
### Mémoire perdue

Qu'ils fussent décrétés ineptes et factices,
Me voilà privé de mes plus chers souvenirs.
Se brisa le sein de ses étreintes complices
A vouloir tant s'ouvrir aux idéaux martyrs.
Un baiser s'est posé, dessus la chrysalide
Plus racornie que l'armure la plus solide.
Ainsi, par un mécanisme, l'amour parfait,
Refermant ses ailes embrassant un cœur nu
Déployé tel le papillon d'extase ému,
S'écrase, broyé d'un enlacement secret.


## XXXIX.
### Dionysos ô Chrestos Osiris

La connaissance innée comme un serpent qui nage
Se glisse dans le cœur lourd de son innocence.
Démembré, tel un vrai symbole, à la naissance
Revient ainsi qu'un enfant éveillé d'un rêve,
Le bouc émissaire élu par le traître sage.
L'essence par sa mort régénérée s'achève.

## XL.
### Le Don

Les yeux révulsés par la transe du Zār,
Hôte étranger, soudain parle un vieil Abyssin.
Choisi par l'entité autre entre le hasard,
Le succube insuffle son pouvoir en son sein.
Désormais, le regard brûlé par la splendeur,
De sa barbe blanchie transperçait la douleur.


## XLI.
### Ma Fée fatale

Tu réchauffais mon âme
De sa si pure flamme
Ainsi qu'un brasier
Où je me suis brûlé.
Si fragile éphémère,
Tu traites de chimère
De ma nuit le mystère,
Ange exterminateur !
Mangé par cette ardeur,
Cœur de glace, a fondu
Mon espoir éperdu.

## XLII.
### Le Grand Trépas

Dans un puits obscur vers la grande lumière,
Renaître à la douce Mort par elle embrassé.
En un néant aimant à nouveau généré,
Quitter l'existence entre sa source première.
Venez me chercher, gisant, tel un corps brisé,
Emportez-moi parmi la vaste obscurité.
O splendeurs de l'abîme aux tendresses profondes
Aux espérances, enfin ! toujours infécondes.


## XLIII.
### Hommage à ma Dame

Si par jeu m'attirant, me relâchant,
Je chante m'amie et serai constant
Tel un arc dont le cordage cordial
Revibre en arpège de madrigal.
Gémit la complainte pythagorique,
Gonflant l'esquif rompu de sa musique.
Et revient après sa course navré
De pourpre l'astre à ses efforts blessé
Pour mieux du pur zéphyr au large luire
A suivre en mon sein percé de la lyre,
Par son souffle bercé le long des jours
De loin tel d'un doux harpon les retours.

## XLIV.
### Confrontation

Que sont douces les nuits, où nos baisers revivent
En les rêves d'un impossible quotidien.
Par un autre réel, la mémoire enlacée
Ne se lasse en son illusion retrouvée.
Tout près, impassible, or que tes lettres s'écrivent
En vain, ta pensée s'enfuit. Réveil solitaire,
Comme une étreinte élancée poussée en arrière,
Précipitée dans le froid du cruel matin.

## XLV.
### Espoir sans retour

D'Enfers toujours plus noirs, tel un explorateur,
J'avance, ébahi par la nouvelle douleur.
Je ne sais pas jusqu'où il me faudra souffrir,
Mais mon âme égarée dit oui sans repentir.
Car c'est jusqu'en ta plus destructrice insouciance,
Que j'aime un être entièrement avec confiance.

*Guenizah, Le Septième Livre*

## XLVI.
### Sensation

Ma chair quitte mes os dans ce cachot humide,
Tel un ensablé du festin de Nitokris
Pris au piège de la sinistre pyramide
De Mykérinos. O blessure de Tantris,
Un tantrisme psychique harcèle ma tendresse.
Surnagent les noyés oubliant leur détresse.

## XLVII.
### C'est la Nuit

Des raisons en mon crâne serpenta
Le sombre défilé fantomatique,
Qu'illumine une passion fantastique
En les cavernes d'un noir Golgotha.

Et jamais plus ne fermant les yeux par terreur
De voir son rêve idéal à l'intérieur,
Contemple l'ancien néant cette vanité

Que fixe en vain sa vide cavité.

## XLVIII.
### Soustraction

Du monde aimable où chacun voudrait se maudire,
Sous le décor, tout est toujours et toujours pire.
De l'altruisme urbain, à travers le sourire,
Ricane, épuisant l'autre, l'envie du vampire.
De la simplicité le vertige transpire,
Toujours plus banal, plus morne, accroissant son ire.
Ironisons gaiement pour bien se conduire.

## XLIX.
### Réponse

Tu dis une fois : « Je me sens toute petite. »
Tu dois l'être, pour tenir entière en mon cœur !
Ainsi, j'entends ses battements avec douceur,
Comme si ton âme emprisonnée, qui palpite,
Vivait à l'intérieur de mon sein telle en cage.
Tu sais qu'il est bien rare que je sois sage.

## L.
### Nabla

Le serpent flamboyant au calice se meurt,
Delta inversé au tiers de sa valeur.
De Mercure en colère, la liqueur vivante
Coule en la pointe de l'étoile verdoyante.
Des fleuves argileux la sanglante couleur
S'anime à Symiène sous un rouge pleur.
Proportion parfaite, inspire l'homoncule.
A la surface, une eau ignée du ciel brûle.
La porte d'or du taureau s'ouvre au crépuscule.

## LI.
### L'Absence

Je perds pieds, me noie dans un amour si profond
Comme en la douceur troublée d'un mirage blond.
Comment ne pas rester blotti tout à son creux,
Plongeant dans le paradis d'argent de tes yeux.
Car le jour n'est qu'un souvenir traumatisant
Sans toi, si tu ne reviens d'un rêve absent.

## LII.
### Le Macrocosme subjectif

Géométrie d'or d'une toile d'araignée
Dont chaque goutte se reflète en la rosée
Ainsi qu'une rosace où chacune, à l'envers,
Contient l'image assemblée de l'Univers,
Le voile d'Indra construit son hologramme.
Du grand Tout dans tout être se structure l'âme.
Etoile inversée mise en abyme, la rose
Reproduit à l'infini sa métamorphose.

## LIII.
### Spagyrie spirituelle

Des trépas se purifie l'esprit renaissant,
Comme un poisson de l'abysse à l'air éclatant
Quand de l'Idéal survient trop la plénitude.
Chaque pas alourdi par cette incertitude,
L'amoureux poursuit l'Atlante fugitive.
Mais toujours s'accroît sa passion pour qu'il n'arrive.

## LIV.
### Les Arcanes inversés

Des confins temporels de l'Egypte première,
L'oracle d'Astarté, simulacre vulgaire,
Rituel perdu, fausse la partie de cartes.
Le scribe en lotus écoute, ibis de sagesse,
L'imitateur messager traçant sa justesse.
Le babouin, tel un miroir des mystères parthes,
Coiffé d'un némès, sourit des ses crocs coupés.
Singeant les gestes du Hiérophante, écartes-
Toi des gestes par le quotidien nécrosés,
Par la fente épiant comme un rayon viride
L'occulte loculus, naos de pyramide.

## LV.
### Les Enseignes de l'Œuvre

De l'athanor livre en ses feuillets, décrypté,
Qu'âtres, maisons voilées de très anciens triomphes,
S'effondre la Tour-Dieu d'un château sans clef
Que garde de son Ankh la Maîtresse des gomphes.
Le pèlerin parcourt ses cartes, égaré.
Cœurs piqués au sang noir de vampires agomphes.

## LVI.
### Les Avatars d'Horus

Le but est le chemin de perdition,
Simonies de la vénération.
Sache écouter la science de l'âne,
Sagesse d'Apollonius de Tyane.
Le Hiérophante avec sa mitre double
De Mithra contemple le soleil trouble,
Remontant par un temple souterrain
Vers l'orient d'un éternel matin.


## LVII.
### Etranglement

*Angst*

L'angoisse emplie de morne ennui la nuit rode,
Ainsi qu'un psychopompe ironique vampire,
Comme un vieux goujat détroussant un cadavre.
Le ridicule humilié de Plaute se navre.
Danses dévoilées d'orgies sanglantes d'Hérode,
Or, s'émeut la voile cinglante du navire.

## LVIII.
### Révélation voilée

De la rosée sur une toile à l'aube éclot,
Tel un Ange radieux portant son flambeau,
Géométrique éclat, la rose du matin.
Prométhée protège le feu contre son sein.
Mais quand l'astre invaincu des profondeurs revient,
De l'abîme sidéral, se confond l'écho
Déchirant et diapré d'un crépuscule ancien.

## LIX.
### Le Songe réincarné

Aux douceurs de mondes profonds d'intimité,
A la lisière onirique où je t'imagine,
Je voudrais être un pur esprit désincarné
Pour te contempler, t'embrassant, toute à la fois.
Si ne me ramène -Au loin, mon cœur te devine !-
A ma condition, l'ardeur de mes émois.

## LX.
### Couronnement

Le chevalier romain joute, autre Ahasvérus.
Le Fils de l'Etoile exulte au jour de Vénus
Portant la lumière en quadruple déesse
S'ajoutant, Serpentaire, au nombre de sa tresse.
Se mire sa barbe, et l'eau, corps, bat l'Invictus.
Le taureau de Mithra verse son vin de liesse
Tandis que le Faune indien se dévore en Grèce.

## LXI.
### Un instant immortel

Enlacé, tel entier baignant, par sa chaleur,
Que j'inspire ainsi qu'un frisson plein de ferveur,
Ton parfum me caresse aux tréfonds de mon cœur.
Mon âme poserait les plus doux des baisers
En un même temps sur ton corps, soupirs légers
Jusqu'aux tréfonds immatériels de tes pensers.

## LXII.
### Le Commandeur

Solitaire à l'angle, tique
Le tiers monostatique,
Entremetteur de l'angoisse.
Se poursuit, noire, la poisse,
Semblant l'ombre d'une cape.
Sur le dos tremblant où frappe
Le battement cordial
D'un embrassement fatal.

## LXIII.
### Le Mystère d'Amour

O *fin amor !*
Si lors a mors
Que t'aime, à mort
Si je suis fors
Ton cœur et corps.
Mais serai fort,
De mais encor
La rose mord.

*Guenizah, Le Septième Livre*

## LXIV.
### Shibboleth

Sifflant le mot giléadien, l'Ephraïmite
Serpente en le labyrinthe de la sagesse.
Le chevalier Galaad, gardien du temple, évite
Son spectre mimétique, or que son pas se presse,
Trompe-l'œil d'un miroir en symétrie axiale.
L'étoile arachnéenne a basculé, fatale.
Et, s'inclinant, recule à la porte irradiante
L'iris en sa glace chiromantique absente.

## LXV.
### Blason du cou

Blottissant l'envol d'un tendre baiser,
Le creux mastoïde frémit, léger,
S'épandant sur la gorge d'albe vif
Où s'apaise son battement plaintif.
Parmi les touffeurs d'un songe de lin
Aux douceurs échevelées, le déclin
De la nuit vient briller comme un trésor
Où tel un dragon mon désir se tord,
Dévoilé par cette entière caresse
Où se meurt à jamais toute tristesse.

## LXVI.
### Le Principe

L'Hermite errant chemine, et s'arrêtant peut-être,
Hurle la goétie de cette angoisse à naître
Dans l'obscurité tâtonnante à la lumière.
Se cristallise des passions la matière
Tissant un monde où la vibration remonte
D'émois nouveaux ainsi que le vol d'un Archonte.
Le Djinn constitue ses chairs, songe substantiel,
Où s'imagine l'organisme du réel.


## LXVII.
### O Mensch

Sombre ivresse, marche, au plus loin du Nirvana,
Songe à l'éternité, lac de Silvaplana,
La danse incarnée sans fin de l'évitement
Par tous les détours de sa quête serpentant.
Chemine sobrement Dionysos le sage.
Du réel par le rêve énigmatique outrage.

## LXVIII.
### Un long regard

A travers les barreaux, du balcon je contemple
Ton corps, nymphe coiffée d'un diadème d'argent.
Et, vapeurs du bain de cette étuve, changeant,
Se découvre à nouveau de tes galbes le temple.
O nuit d'albe imprégnée où tremblent mes remords,
Du balcon, je t'imagine. Du bain, tu sors.


## LXIX.
### Illusion cursive

Archétype, en abyme affiche à la fenêtre
Voûtée telle une porte, vision qui craque,
Semble un vitrail ardent, fournaise démoniaque.
Chemine en les caveaux de jais et sang pavés
L'Hermite éclectique adoubé par Don Quichotte,
Tournant la clef de l'Ankh. Une âme qui grelotte
Retourne à la cité des songes oubliés.
Arche inversée de l'autre côté du miroir,
Frappe un peuple muet comme un mirage noir.
Rougi de fureur sereine, ainsi qu'une alcôve
Où médite en un halo de haine le fauve,
Veille, à son ouvrage, en son loculus, le maître.

## LXX.
### L'Arche de Vénus

Le dodécaèdre en le cube de la pierre
S'ouvre ainsi qu'une rose accouplée, sans amours.
Le serpent crucifié referme le parcours
Alchimique et astral du Porteur de Lumière.
L'étoile fêlée trace le symbole intact,
À l'iota près, de sa course, presque exact.
Des reflets des parois, hiéroglyphe hologramme,
Tel un cyclope cornu au pied enflammé,
Face ensoleillée d'or sous la lune, en Bélier,
Se reconstitue de sa forme le programme.

## LXXI.
### Séduction secrète

Avant d'être ensevelis sous la terre
Protectrice d'un ancien cimetière,
Les manuscrits de la genizah, morts
Rouvrent d'or leurs poussiéreux trésors.
Tel par un shibboleth, le bois coulisse
Où l'intrus par une nuit sans lune
Sous les auspices d'Ishtar, chouette brune,
A la lueur de sa chandelle se glisse.
Le succube guette à la porte et pousse,
Succombant, son amant, or qu'elle glousse.

*Guenizah, Le Septième Livre*

## LXXII.
## Os Athanor

*Sator*

Apollon sauvé par les filles de la Nuit,
Le Python se remord par l'orbe où il s'enfuit.
Renaissant de son corps en putréfaction,
Emerge du reptile achevé, l'alcyon.
De la matière, ô substantifique moellon !
Tel un Phœnix dans les rougeurs du crépuscule,
Arde le sang du dragon vert en sa prison
De verre, et tarde hors la foule qui se bouscule.


## LXXIII.
## Le Roulement de l'Œil

Crépuscule rougi de la pierre liquide,
Matière obscure appelée le vide,
Graal versé d'un Dāleth phénicien tourné,
Le pèlerin tel un serpent pelé
Inverse son iris vers l'intérieur obscur.
Le regard paniquant, or, se heurte à son mur
Lisse ainsi que l'écran d'un reflet noir
Démultipliant les réflexions du miroir.
Alors, surnage l'or, au creux de la mémoire,
Enfers du feu d'un monde transitoire,
Du voyage incertain d'une autre histoire.


*Guenizah, Le Septième Livre*

## LXXIV.
### Le Linceul nocturne

S'extasie, s'ouvrant, la robe de la Nuit
D'azur obscur couvert d'yeux interrogateurs.
Se blottissent, apeurés, les petits rongeurs,
Fils d'Apollon solaire évanouis sans bruit.
La cape de la carpe, en alchimie chinoise,
Se retourne, voilée, d'une lueur narquoise.
Le canard mercurien plonge en sinusoïde,
Observation cosmique d'un ancien druide.

## LXXV.
### Denticule

### 1.
### Entre les Mondes

Sur une façade, un faune à face feuillue
Sort de la pierre ainsi qu'une coquecigrue.
Comme une gargouille, à peine son hurlement,
De sa gueule de lion, goétie, ravalant,
D'une incantation, qui semble s'amuïr,
Se retient le murmure vers le souvenir
Des secrets s'épandant à l'intérieur des murs
Sous la lune argentée en des songes obscurs.

2.
La Clef de l'Art

Hybridation d'une allégorie alchimique,
Sourit de tous ses crocs l'éon mythologique.
Parmi les ondoiements d'une antique console,
D'un autre univers, de sa conscience, affleure
L'embrassement d'une introspection dont pleure,
Dans la crinière, un vieux sanglot qui se console.

LXXVI.
Incarnation de l'Existence

Dans le Temple de Salomon,
Guidée par son intuition,
La main prend le chemin sinistre.
Du troubadour se tait le cistre.
L'œil inquiet frappe son cerveau
Comme une fibre en un réseau
Arachnéen dans une rose.
La conscience incarnée implose.

## LXXVII.
### Personnalité des Eléments

L'âme du lion vert mord au cou la licorne
Jaillissant d'un sang purpurin. Gicle la borne
D'un omphalos à la proportion lunaire.
Alors, frémissent de leurs instincts intérieurs,
Ainsi que de nos corps bouillant les chaleurs,
Les esprits animaux animant la matière.

## LXXVIII.
### Le Sceau de Vitruve

Lorsque encor la chair quittant,
L'os, athanor divisant,
L'opéra fixe sa geste -
Ça ! Thor en était absent.-
Le treizième quartier reste
Comme d'or, de la roue preste.
Tétragramme du Logos,
Double astre, est mort le Chaos.
Pomme scindée par la faux,
Forme d'esprits animaux,
De l'homme l'étoile trace
D'un vert sang, l'autre inversant,
Barbe en triangle, sa face.

*Guenizah, Le Septième Livre*

## LXXIX.
### Sur le canapé

Profil aux perfections opalines,
La fumée doucement de ses narines
Dragonne en arabesques féeriques.
Laisse mon regard embrasser ton âme,
Tremblant avec de la bougie la flamme.
Que caresse, émotions fantastiques,
L'étonnement renouvelé sans trêve,
Se dessine de mon esprit le rêve.


## LXXX.
### L'Androgyne Trismégiste

Les deux vierges embrassant Mercure en la pierre
Déployant une croix alchimique en monade
Remontent du feu cornu comme une cascade,
Accouplées en la lune d'argent, cœur de Toth.
Hermès et Vénus dans la rose étoilée closent
Leurs amours tumultueuses, or, qui reposent,
Qu'englobe ce dodécaèdre, de mystère.
Reconstitué, le corps de l'Hermaphrodite
Démembre, par l'œuvre du soleil ressuscite.
Dans le prisme métallisé des Séphiroth,
Se complètent les couleurs de la lumière.

*Guenizah, Le Septième Livre*

## LXXXI.
### Harmonie d'affection

Et s'élève sa voix splendide
Etendue sur ma vie candide.

J'entends comme l'écho tendre et lyrique
De mes élans ainsi qu'une musique.

Tel d'un chant qui mon âme étreint,
Sa flamme au souffle ne s'éteint.

A te contempler, de mon cœur la storge
Arde, bat, palpite comme une forge.


## LXXXII.

J'ai rêvé que tu n'étais qu'un rêve.
Déchiré, le voile, soudain, crève
Des limbes pour la douce fatigue
Où l'onirisme éveillé se lève.
Et puis, toujours l'angoisse m'intrigue
Que ne se rompe le jour radieux
Par lequel je songe dans tes yeux.
Alors, claque la porte d'airain,
L'orphisme inversé d'un beau matin.

*Guenizah, Le Septième Livre*

## LXXXIII.
### Les Entités d'ondes

Les éblouissements d'anges ultraviolets
Vibrent, émus de leurs lyriques triolets,
Comme un être infrarouge induisant sa douleur
Dont brûle la pupille éclatée, la couleur.
Au-delà du miroir, à travers la conscience,
Trépasse un front voyant au cœur de sa science.
Construisant sa suite fractale en réseaux,
Connectés entre eux ainsi que de fins vaisseaux,
Se structure en réel le cristal des cerveaux.

## LXXXIV.
### Le Présent dort

De l'athanor du Moloch, l'évêque de Myre
Les trois enfants de leur sel volcanique tire.
Le dragon tricéphale, en renouant ses cols
Condense de l'éther les spirituels alcools
Où les esprits de la matière, prisonniers,
S'évaporent. Enfin, voici le feu premier.

## LXXXV.
### L'Ombre lunaire

Se structure en le creuset l'astre de métal,
Etoile tranchée dans le cœur d'un fruit vénal
Pesé par ses proportions d'un poids égal.
Pied du druide enfui, la rose du chacal
Retrace l'écho de son abîme fractal
Où se mord, sublimé, le dragon infernal.
Relève, le porteur d'un flambeau nuptial,
Le cycle affleurant d'un hermétisme fatal.
Pénètre sa musique, omphalos primordial,
L'arc-en-ciel des couleurs de son nombre cordial.

## LXXXVI.
### Hymen occulte

Paraît le roi fuyant, baigné de son aura.
Comme se heurtant à la paroi d'un œuf mûr,
S'élève du charnier le volatile obscur.
Infime part de l'autre ainsi que l'anima,
Par d'un principe inverse l'attrait sympathique,
S'accomplit en secret la noce mimétique.

## LXXXVII.
### La Rosace du Cynorhodon

La rose sauvage, étoile de l'églantier,
Buisson du chien, renverse ses sépales,
Conjonctions de Vénus inversées en pétales.
Le cœur ralentit ses battements, apaisé,
Papillonnant ainsi qu'une âme vagabonde
Dont la fleur hermaphrodite en soi se féconde.

## LXXXVIII.
### Monuments alchimiques

Du phœnix, du griffon, du zodiaque d'Hercule,
Est tournée en même temps chaque clavicule.
Descente aux enfers d'un Poliphile sans nom,
Du rêve, allégorie, s'ouvre la dimension.
Goétie unifiée de sa rauque harmonie,
Révèle son cœur la sublime simonie.

## LXXXIX.
### Les Dynasties vaincues

Sur le roc scintillant, alphabet cupulaire,
Le druide plante ainsi qu'un berceau stellaire.
Alignement solsticial tifinagh de runes,
Au creux du trône isiaque, encoches des lunes.
Arcs orangés de la terre au ciel miroités,
Descend la vierge noire aux fils dieux étrangers,
Par les ophidiens dans les sylves pourchassés.
Civilisation des Faunes sans rancunes.

## XC.

En étoile offrant sa connaissance cachée,
Du jardin enclos, la pomme d'or est tranchée.
Œdipe aux pieds cloués sur un frêne de pierre
Se débat tel un faucon porteur de lumière.
Adoncques, l'idéal, adéquation du mal,
Aimé par le serpent, en rose éclot fatal.

## XCI.
### La Pétrification d'Ishtar

Au creux moussu de sa source druidique,
Se baigne l'Isis de Quinipily
Comme attendant d'ouvrir des bras ailés.

Méditation d'une vierge noire alchimique,
Remonte le chakra de Raoul de Gisy,
Martyre mystifié des pauvres chevaliers.

## XCII.
### La Rose de l'Abîme

Verdoyante fleur, l'étoile éclot de la vigne
Du diable, mauvaise herbe des jardins indigne.
D'un paradis d'été mandragore grimpante,
La racine enfle, qui se meut, hurlant, vivante.
Rode en l'air orageux la mort d'une phalène.
Dans la fraîcheur de la terre au temps de géhenne,
Or que le chant des oiseaux, insultant, résonne,
Mûrit son poison la dioïque bryone.

*Guenizah, Le Septième Livre*

## XCIII.
### Entrelacs d'amour

Du génie renversant sa lampe emplie d'huile,
Carafe intarissable d'Elie revenu,
Prophète essénien, ainsi qu'un serpent nu,
La vierge folle affleure et son venin distille.
Et tandis qu'ainsi qu'un python qui gobe un œuf
Se referme du globe azur la boucle en neuf,
Le djinn réalise le monde de son rêve.
De l'arbre des Séphiroth remonte la sève,
Cependant qu'Yggdrasil prend racine au ciel,
Déployant de ses Œttir les branches fractales
Par les hasards parfaits de conjonctions fatales
Entrelaçant la Terre en caducée mortel.

## XCIV.
### Dans le Mirage

Dans le désert ainsi qu'un Faune sumérien,
Le pèlerin errant ne se souvient de rien.
Un cheval avec pas de nom franchit le pas.
D'avant en avant, se cabrant dans la poussière,
Le vagabond réincarné suit son chemin.
A la source, bientôt, le *moriturus* las
Puisera la connaissance du cimetière.

## XCV.
Rotas

L'existence, en soi, œuvre à son propre opéra
Que l'harmonie des sphères enfin révéla.
La beauté maquillée, baroque sur l'abîme,
Dans l'instant éternel, sans cesse se sublime.
Des âmes animales perpétuel schisme,
Angélique extension d'un terrestre humanisme.
L'au-delà potentiel en soi-même se mène,
*Ut potiar patior*, devise surhumaine.
Découle de l'esprit le monde matériel.
Comme une déviation de l'existence au faîte,
Finit par avoir raison est une défaite.
Par les portes de Douat, se perd la momie,
Conservant, accru, l'écart individuel.
Le cœur est pur. Les divers sentiers se rejoignent.
Les diversités pathétiques s'accompagnent.
Un cœur grandit comme un souci perpétuel
Qui s'ouvre encor plus beau de son ardeur cruel,
Minable au sein mort de l'abominable fête.
Fin et finalité de la vie infinie,
Ne montre que des aspects, sans se transformer,
Vierge alchimique, l'individu transmué.

## XCVI.
### Le Pouvoir du Verbe

Idiotisme parfait de l'Hermite hermétique,
Siffle la philanthropie de l'anachorète.
Humanisé, vieux pèlerin, muant arpète,
S'émeut, l'aède pythien panégyrique.
Tour en spirale de ziggurat symbolique,
En temple bleu, Cité des Sept Sages secrète,
Eclate la Maison d'yeux tarologique
D'un borborygme babylonien jusqu'en Crète.
Si se meut l'idiome, girant pathétique,
Harmonie serpentant, l'alphabet se répète.


## XCVII.
### Le Rapt de la Sphynge

Si proche et si distante ainsi qu'une panthère,
Tu griffes mon cœur nu qu'emplit ton doux mystère.
Allongée alanguie là sur un tapis fauve,
Tu roules ton joli corps tendre. Un cri se sauve,
Comme un fantomatique espoir entre les draps,
De mon sein que meurtrit le manque de tes bras.


*Guenizah, Le Septième Livre*

## XCVIII.
### Regard cyprique

Rose verte étoilée mise en dioïque abyme,
La mandragore enfournée, fœtale, s'anime.
Scintille au firmament, de Sirius l'émeraude.
Le savoir du Géomètre enfin se sublime.
L'escargot fractal a tiré sa pierre chaude.
Par la spirale en droit chemin, retourne Claude.

## XCIX.
### Pleurs subtils

Allégé de ses lourds sanglots, mon cœur s'élève.
A la juste heure advient l'effusion tragique.
Marchant tel un damné dans son diurne rêve,
Le somnambule amoureux suit sa tentatrice,
D'un réel bonheur débordant jusqu'au supplice
Comme un noyé qui sort d'un fleuve léthargique.

## C.
### Froideur

Vierge azur de cieux ténébreux,
S'ensanglantent les yeux bleus
De la déesse noire, assise.
Ascétique agape d'Assise,
La chair s'arrache de son trône.
S'imagine, en secret, le Faune.

## CI.
### La triple Splendeur

Si belle, oh non ! tout à la fois,
Tendre, sublime, irrésistible.
Et parfois d'un regard terrible,
Tel, grondant, l'orage qui tonne
D'un bleu vengeur, à gestes froids,
Refermant avec fermeté,
A son extase abandonné,
Le cœur écrasé qui se donne.

CII.
La Prophétesse

Plaisir des gènes,
Rire des gènes.

Symétrie centrale,
Sert pique martiale,

Le valet poursuivant

Le maître pressant.

Tout près de toi,

L'âme sort de mon corps
D'un désir désarmé
Afin de t'embrasser.

Adorée sous la lune où tu sembles sa reine,
Telle une druidesse intime et souveraine.
Je te devine au coin d'un capuchon de laine.

En moi, goule tu te mords.
Télékinésie spirite,
L'iota seul fait sa loi,
Pleure, hurlant, la goétie.

*Guenizah, Le Septième Livre*

## CIII.
### Déisme

L'oniriste en métamorphose
Poignardant un chien dans la nuque,
Le sphinx tête de mort se pose.
Se structure, de noctiluque,
Susurrant, le Cosmocrator.
L'Univers éjacule à mort.

## CIV.
### La Tête parlante

Cimetière oublié des livres interdits,
Guenizah de la Ziggurat à sept étages,
Du sable, en spire d'or, dort la Cité des Sages,
Emergeant d'émeraude aux paradis maudits.
En un corridor biaisé, miroir de l'idole,
Sumer monte des mers. Dans le bleu de la nuit,
Par le labyrinthe azur, l'Atlante s'enfuit
Pour enterrer le grimoire en la nécropole.

*Guenizah, Le Septième Livre*

## CV.
### La Divine Impureté

Epi d'or hérissé de sa géométrie,
Le serpent d'Epidaure ouvre son shibboleth
Telle une herse harcelant de sa goétie,
Exerçant son pouvoir, le serein Baphomet.
Orphée, suppliant Hadès, séduit Perséphone.
S'imprègnent les reflets sur les eaux thalésiennes
D'une calme philosophie née de ses peines.
Le Logos, logé dans son loculus, résonne.


## CVI.
### Admiration

Tu es une œuvre d'art vivante,
Sauf que les œuvres d'art, ça ne se moque pas ;
Sauf les meilleures. Ton souffle est une musique

Eveillant d'une pensée pathétique
De ton propre Pygmalion le cœur pétrifié
Qui dépose ces vers palpitants à ton pied.

## CVII.
### Tu dors

Force guerrière, armure en samouraï des mots
Qui rentre et frappe d'amour tous les faux dévots.
A côté de toi, mes bras si vides de toi
Serrent l'oreiller de leur plus fébrile émoi.
Je pose un baiser sur ta paupière si douce ;
Tu me repousses des mains en une secousse.
Affleurant sous sa carapace de détresse,
M'absorbe, compréhensif, un cœur de tendresse.


## CVIII.
### L'Infini du Réel

Des profondeurs inconscientes, l'humanité,
D'un quantique éclair, choisit sa réalité
De l'infini des possibles subatomique.
Du temps se construisent d'ultimes fins passées.
Des causes d'or d'originelles destinées
Dont se déroule l'animosité tragique
Le créateur, cheminement tarologique,
Voyage en les arcanes d'un fort symbolique.

## CIX.
### Ma Philosophe

Cherchant dans la nuit parmi un rêve changeant,
Après de si multiples regards, yeux d'argent.
Petite fée qui sort de la végétation,
Emergeant au bruit d'une mince cascade.
Agonise en se mouvant, l'être étant malade,
Nourrisson flambant à la coupe maternelle,
Le cordon d'argent craque de la fontanelle,
Chapelle souterraine à la déesse Anna
Dont remonte en tremblant ta luisante aura.
A la façade de la chute effleure en frange
La subjectivité sans fin de la passion.
La plante s'imagine un homme et puis un ange.
Se réveille, engourdi, le rêve du serpent.


## CX.
### La Crypte sans Nom

Hermétisme des tiers du Mont Saint Michel,
Comme en ces grottes, anciens temples de la Terre,
La vierge noire en secret veille, solitaire.
Talisman d'*ostrakon* d'un symbole éternel,
Circule l'Archée, flamme au creuset deltoïde.
Résonne encor l'appel souterrain sur le vide.

## CXI.
### Ego sum

Le réel achève en rêve spirituel,
Son origine insinuée dans le réel.
L'écran matériel en la destinée se crève
Quand la créature d'ailleurs vers soi s'élève.
Et le serpent qui le Monde imagine en boucle
Retourne en son cerveau des yeux d'escarboucle.

## CXII.
### Iris

La réalité n'est qu'un rêve dans un rêve
Où l'homme imagine celui qui le songe.
Et plus dans la profondeur psychique il se plonge,
Plus se révèle l'écran de son œil qu'il crève.
De son sommeil éveillé, comme un somnambule,
L'ombre, de son nombre, à l'infini, se calcule,
Et déploie la spire étoilée de ses possibles,
Fin réseau fractal du prisme aux mondes sensibles.

## CXIII.
### L'Accident

Djinn d'un mauvais karma, refusant le bonheur,
Combat les démons, *kakari geiko* psychique,
L'oniriste en un mimétisme pathétique.
Emmanuel l'avait dit : les trop-pleins du cœur
Se compensent souvent par la douleur physique.
Petite fée des lys, -L'idéal est à naître.-
Je t'embrasse avec délice envers et contre être.

## CXIV.
### S'il anse

S'abat le scarabée qui déchoit gravement,
Et retombe, des temps perspective, en vibrant.
Ne se transmue, silencieux, le serpent d'argent.
Le Cosmos épandu s'inspire de matière,
Fin prisme de la spire où se joue la lumière.

Renaît le coléoptère émergé des sables
Parmi des cycles les géométries instables.
Les arches de la cité perdue de Douat
S'encastrent du naos tel d'une ziggurat.
Se terre en le dédale, oracle nephtisiaque,
Trépassant l'obstacle, porte en miroir, la traque.
De sa course éperdue le valet solitaire
Reparcourt tout le savoir afin de se taire.

*Guenizah, Le Septième Livre*

## CXV.
### La Sieste

Comme un petit ange alangui, je suis la fée
Endormie égarant celui qui me contemple.
Son cœur bat au rythme accru du mouvement ample
De mes bras se refermant de sa mélopée
Chassant l'air qui se meurt en un baiser perdu.
Son tendre espoir tremble à ma lèvre suspendu.


## CXVI.
### La Quête du Détour

Jour luciférien à trois heures de Vénus,
Prière à Baphomet où se déploie la pierre,
Le serpent du Graal retourne à son cœur lunaire.
Cheminement alchimique, d'Ophiuchus,
Retourne en juste proportion la lune noire.
Résolution, la révolution parfait
Le détour d'un sentier à l'iota secret.

## CXVII.
### Attirance

Canon pythagoricien, m'a pêché la belle !
Le cratère est chargé, la vouivre m'ensorcelle,
De vivre étroitement d'attendre à la toucher
D'une tendresse affolante à prise lâcher
D'exister tirant de mes péchés le salut,
Qui sied à la plus lâche et si verte vertu.

## CXVIII.
### Ma Douceur

Quand ma face aveugle effleure un minois si pur,
Ton iris d'azur si clair me paraît obscur.
Guerrière de la pensée zarathousienne,
Isiaque ardant auréolée foulant sa chaîne,
Tu songes en marchant une existence pleine.
Sous tes pas s'imagine un paysage éclos
Où la philosophie construit de ses échos
Le portique étoilé d'un rêve souverain
Dont s'entrouvre en symbole la porte d'airain.
Et se découvre la radieuse clarté
Où rayonne le firmament de ta beauté.

## CXIX.
### S'y fiant

Crucifiant dans la pierre l'essence du Monde,
Broyant les minéraux en un creuset, l'artiste
Remue les remugles de l'haleine cosmique.
Alors, pendue, la fugitive suit sa piste.
Tissant les veines d'un démiurge psychique,
Se construit le réseau de la matière en onde.

## CXX.
### Tétragramme

Je suis traumatisé d'avoir vu l'Idéal.
En plus, ma galatéenne Eurydice embrasse
Ma bouche de sa morsure au nectar fatal.
Le hasard n'existe pas sur le plan complice.

## CXXI.
### Ou bien

Traversant l'Oder de la question
D'un pas fugitif vers la vérité,
L'angoisse trépasse un cœur torturé.
Luit la lampe à vœux de Pandore, au fond.

*Guenizah, Le Septième Livre*

## CXXII.
### Le Germe moulu

Après que le Déluge eût décanté sa crue,
Prospère l'agriculture au grain de la mue
Contre nature. En sa chrysalide de fée,
L'amante fatale en mante cristallisée
Crie sa verte flamme, au creuset crucifiée.

## CXXIII.
### La Porte forcée

Basilic anguipède au soleil éclatant,
La cosse éclot en rose quintuple explosant.
Baphomet en ses cinq piliers géométriques,
Médite au loin des combustions pathétiques.
La raison se nourrit des passions mortelles.
Convulsion du buste, Amour déploie ses ailes.

## CXXIV.
### La Houe du Coq

La pomme étoilée s'est tranchée par l'équateur.
Sous la Roue de Fortune, Ange exterminateur,
Les essences endiablées du Monde moulues,
Sable homogène, en prisme, enfin sont confondues.
La graine contient l'univers arborescent
Du nombre où en matière d'ombre il redescend.

## CXXV.
### La Musique des Prismes

En ces forêts damées, mon âme, tu résonnes.
La porte est forcée, circule entre les colonnes,
L'air, Séphiroth officiant, chaîne vertébrale.
L'athanor pétille, acidulé de carbones,
Où se calcule cette harmonie végétale.

## CXXVI.
### L'Azur du Serpent

Vendredi d'un roi d'épée portant la lumière,
Etoile prismatique au pyramidion
De l'obélisque de sa lame, ombre aurifère,
Se déploie d'un voile obscur la croix de la pierre.
Révélé par les flots, minime imperfection,
Le mimétisme artificiel du ciel se rompt.

*Guenizah, Le Septième Livre*

## CXXVII.

Occulte intemporalité de la nature,
Fixant sa souffrance onirique, l'incarné
Se blesse à l'endroit précis d'une vie future.
L'œil intérieur de la conscience dans la porte
Cligne entre les trois linteaux de la cité morte.
Comme un voyageur des Enfers crucifié,
Se révèle, homme cosmique, la guématrie
Constellant de ses membres la géométrie.

## CXXVIII.
### Aspiration céleste

D'un coup de rein jaillit, succube des flots verts,
La sirène ondulante plongeant dans les airs.
Du Rhin, retombe Ondine en succombant, déjà.
L'émotion, tel l'hippocampe, la submergea.

## CXXIX.
### Synchronicité vespérale

Je cueille une fleur perdue pour mon *fin amor*.
Une araignée verte sur une rose rose
Parcourt la géométrie où l'étoile implose.
Des cycles de Vénus, l'homme d'or dort, cosmique.

## CXXX.
### Les Piliers de Baphomet

Semblant Don Quichotte en un souterrain mystère,
Les armes baisse au cœur, un valet solitaire.
La porte du moudhif gire, triangulaire.
Dans le calice en feu retombe un sang vermeil
Où s'expriment d'or pur les larmes du soleil.

## CXXXI.
### Les Lumières pythagoriciennes

Trois colonnes où le serpent séphirothique
S'entrelace à l'arbre en parcours ouroborique,
Les flambeaux ardent aux angles d'un jeu divin.
Caducée germanique aux vipères d'airain,
Irminsul retourne son Delta concentrique.
Se téléporte en son passé le vieux devin.

## CXXXII.
### Métaphysique cordiale

### 1.

Chaque germe afin d'enfin pour naître mourir,
Potentiel d'existence, se doit de fleurir
Et d'accomplir sa plénitude chaotique
Et fractale. Tendant l'index, l'Adam-Kadmon
De la chapelle à l'ultime heure, le patron
Déploie de sa pierre crucifiée au plafond
Tandis que montre un codex mon sein prophétique.

### 2.

Lyre ouroborique d'un pythien mystère,
Danse, les doigts pointés, la neuvième sœur.
La Vierge noire Isis fait signe de se taire.
Coiffé de son diadème au troisième-œil solaire,
L'éphèbe ancien gratte les cordes de son cœur
Comme une rose où s'abîme une étoile en fleur.

## CXXXIII.

Promenade au bord de la rivière

Parmi les feuillages mirés tremblants par l'eau
De la cascade, tu me sembles une ondine.
Dans ton regard où la nue d'argent s'imagine,
Ne pouvoir retenir un sauvage sanglot
Quand je contemple en sa douceur presque limpide
De caresses rêvées, d'un soyeux nimbe d'or
Bercé, le tendre songe incarné qui s'endort,
Ainsi qu'une fée blottie dans sa chrysalide.

## CXXXIV.
Influence

Le démon roux draconien, seigneur des mouches,
Attire des nuées. La nymphe aux yeux louches,
Toison de serpent noir, de ses iris d'opale,
Lisse ainsi qu'un miroir, contemple le dieu pâle.
Des nuées de criquets aux visages humains
De l'Ange exterminateur pleuvent sur les mains.

## CXXXV.
### L'Ame des temps

Structure d'un macrocosme microscopique,
D'éons conscients en mécanisme organique,
Chaque individu gire au centre des rouages.
Egrégores des siècles, songent les âges.
Et tourne en filigrane l'horloge cosmique
Des ères, des métaux, des temps, des personnages,
Superposition d'innombrables visages.

## CXXXVI.
### Soufre d'abord

Valet de pique en Pierre noir monostatique
La pierre de Nuith se déploie, cubique.
La Nymphe de la Nuit nage dans le soleil.
Se tordant au fond du creuset de la voie sèche,
Exprimant le Verbe de sa voix de chevêche,
Saigne, crucifié enfin, le Dragon vermeil.

## CXXXVII.
### Beauté élémentaire

Du bout de son long fume-cigarette noir,
Elle tapote, inspirée, d'un doigt dédaigneux.
Oscillant languissamment au rythme des yeux,
Se consume en mes pleurs son tiède nonchaloir
D'un frisson si fragile. Elle ne sait se voir.

## CXXXVIII.
### Saisissement

Froidement s'admire, mélancolique, en face,
Comme une ondine pétrifiée dans la glace,
La nixe aimée fixant mon âme à l'idéal.
J'entends tout là-bas son cri muet et fatal.
La douce froideur de son regard d'or céleste,
Nymphe infime adorée parmi les eaux, d'un geste,
D'un pas secouant mes remords de langueur preste,
Quand elle s'endort mon destin rêvé retrace.

## CXXXIX.
### Singularité

Quand la personnalité des guêpes diffère,
D'un été ténébreux idiosyncrasie,
Un héros insectiforme, par kinésie,
Touche une âme, héraut érotique inapaisé.
Les légions bourdonnent de l'assassine Mère.
Anubis le cœur lourd d'inquiétude a pesé.


## CXL.
### Atavisme solaire

Pschent dolichocéphale d'un roi sumérien,
En le cartouche de son moudhif de roseau
S'inscrit le verbe du nom babylonien.
Résonne d'autres raisons le barbare mot.
La mouche pèche une perche du Nil serein,
Manifestation d'un ciel d'airain sur l'eau
Tandis que dore et s'endort le reptile ancien.
Fils du Dragon roux, le Pharaon, du réseau
Parcourt l'étoile d'un dédale arachnéen.

## CXLI.
### Gambit royal

Jeu d'échecs d'occultes équations cosmiques,
Se resserre un réseau d'échos géométriques.
Le nombre en clair-obscur sur un pavé mystique
Résout en l'infini sa quasi-loi quantique.
D'un iod près s'apostrophe un calcul hermétique
Insufflant le mystère au temps, de sa logique.

## CXLII.
### Hululement chtonien

Le Père arbre, démon bienveillant cannibale,
Craque ainsi qu'un ancien beffroi pour les chouettes.
Carnaval de ces fées nocturnes et muettes,
La déesse s'envole en un vaste dédale
A travers la caverne aux voûtes étoilées.
Les racines en nœuds glissants semblant des portes
Grincent du vieux moussu comme des branches mortes.
Puis enfin débouchant par des lueurs voilées,
En un puits ouvert à la lumière perce
Le soleil béant tel un sol qui se renverse.

## CXLIII.
### Moriturus

Tout ce que je regarde autour me fait si mal !
Le va-et-vient du karma brutal m'est fatal,

Et toujours me rappelle
Des instants avec Elle.

Reviens, mon adorée, de ton élan martial
Vers mon sein comme un harpon d'où tu m'as hissé.

De mon cœur délaissé
La vaste vacuité
Pleure son acuité.
Non dans la solitude,
C'est entre tes doux bras
Que sa vie se ressource.
Oh ! Mon âme s'exsude,
Larmes entre tes draps
Revenant à sa source.

Tout me manque en ton corps,
Entière entre mes dents,

*Guenizah, Le Septième Livre*

Ta petite oreille soyeuse or que tu mords,
Avide d'être dévoré, tendres remords,
Mon épaule et que se perdent tes doigts errants.

Fins cheveux de miel
D'un parfum naturel,
Qu'éclaire un regard ciel.

Essor par soi brisé,
Tu m'as abandonné,-
Plus fort de jour en jour,
Pour trop d'élans d'amour.

CXLIV.
L'Espace vide

En caducée de colonnes, Tubalcaïn
Forge un serpent caïnite en tubes d'airain.
Salomon garde au creux du pommeau de son glaive
L'affreux génie en paix, quand le soleil se lève.
Le démon se débat, filé comme en un rêve.

*Guenizah, Le Septième Livre*

## CXLV.
### Cène symbolique

Rituel osirien connu par le Chrestos,
L'initié partage le pain de son corps
Tel, déchiré, dont jaillit le sang, Dionysos.
De la Mésopotamie se lèvent les morts,
Ainsi que d'un Eden qu'insuffle son *logos*.


## CXLVI.
### Ta petite bouche

J'ai rallumé la pipe
Que nous fumions ensemble.
Aux rampes, je m'agrippe.
Parfois ma bouche en tremble.


## CXLVII.
### Contraste chimérique

Les plus beaux jours de ma vie se sont achevés.
Vampirisé, je vide mon cœur dans les pires
Au souvenir de ses adorables sourires.
Visitant les enfers d'atroces vérités,
L'abandon se souvient des étreintes martyres.

*Guenizah, Le Septième Livre*

## CXLVIII.
### Je fonds

Pourquoi vouloir guérir de mon humanité ?
Il sera temps au dernier jour de vérité.
Est-ce folie que d'être ? Alors tout est perdu.
Du mouvement de ses sanglots, lentes saccades,
En un abattement d'implorantes cascades,
L'individu, se débattant, fond, confondu.


## CXLIX.
### Partie de roulette

Roue d'infortune en rouge et noir redéployant
Un antique tarot coupé diabolique,
Un jeu de trois, six, neuf retourne son triptyque.
Les parts s'unissent au fouet d'un soleil tournant.
Le seuil girant mêle sa couleur alchimique
Se repliant au cœur piqué de l'œil sanglant.

## CL.
### Les Yeux secs

De nos larmes à l'image,
Je n'aurais jamais cru d'histoire aussi dommage.

Ma petite amour chérie,
Pour ta tranquillité, que s'estompe ma vie.

Tout près de l'étreinte absente,
Je reste là comme une force bienveillante.

## CLI.
### Nostalgie finale

Le trépassé de son avenir se souvient
Comme en une rose en abyme arachnéen.
L'incarné d'Osiris parcourt entre les portes
Les cours infernales au cœur des cités mortes.
De la Douat s'ouvre le temple en labyrinthe
Où il pénètre en la lumière sans crainte.

*Guenizah, Le Septième Livre*

## CLII.
### Hermétisme mithriaque

La rose du matin, tel un carré *sator*,
De Vénus en la course aux conjonctions d'or,
En abyme, trace une étoile avec son astre.
Le Scorpion, le Taureau cornu de soleil castre
Quand le corps nu des amants s'enlace, androgyne,
Suant la rosée céleste, essence divine.
Dans la porte, inversée, la flamme du calice
Arde ainsi qu'un serpent dont la gnose se glisse.

## CLIII.
### Canaux secrets

Perçoit le destin perçant à la conjonction
L'œil caché s'ouvrant juste à cette fraction.
De Khéops par une infime ouverture, au fond,
Frappe un point lumineux tel au pyramidion.
La conscience ajustée de la perception
Se croise du Cosmos, de l'horloge, au rayon.

## CLIV.
### La Lame d'Amour

Tel d'un flacon enflammé, caducée flottant
Sur les eaux ignées du primordial océan,
Se concentre la quintessence, hydre quantique.
Cartographie d'un tiers chemin alchimique,
Se déploie d'un antique tarot égyptien
La fuite atlantique en un dédale ancien.

## CLV.
### L'Amant de l'Ombre

J'étais comme un naufragé touchant enfin terre ;
Me voilà recraché sur l'onde solitaire.
J'entends encor au loin, qui gronde, mon amour.
Mon corps sombre en le gouffre, de plus en plus lourd.
Pudique amant de l'ombre, je fuis la lumière,
Qui toujours ma face en son désespoir éclaire.

## CLVI.
### A travers les cristaux

### 1.

Par une noire pierre de solstice
Près des Pierres Blanches, en l'interstice
Fendu sur le sommet du Mont Saint Clair,
Refuge d'hermites, puis de Cathares,
D'un ancien temps préhistorique, un vert
Rayon, frappe le roc des dieux lares.
L'Apocalypse en tout est permanente
Et se dévoile à mi-chemin de pente.

### 2.

L'au-delà creux d'une vie parallèle,
Rêve d'âmes gigognes, se révèle.
Dans un utérus thanatonautique,
Vers la lueur d'un soleil souterrain
Forçant du temple la porte d'airain,
Au puits, l'enfant me guide, énigmatique.

## CLVII.
### La Cheville cassée

« L'existence, ça vous donne toutes les chances
Pour les reprendre après », alors me voilà seul.
Du caveau dionysien sous le vieux tilleul,
Je me souviens d'un soir où, mon cœur, tu t'élances.
Tu étais là, encor, et m'aidais à descendre
L'escalier où désormais tout n'est plus que cendre.


## CLVIII.
### Chant d'oiseau

Phylactère surnagé de la coupe en feu
Comme un petit dragon entrelacé tel deux,
D'un saint solsticial en épais tartan bleu,
Revient en l'interstice au jour, d'un roc pérenne,
Message hermétique, la colombe égyptienne.
Géométrie d'émeraude, au Graal en sa table,
Se structurent les arcs des dunes sur le sable.
Car chaque grain prismatique au tout est semblable.

*Guenizah, Le Septième Livre*

## CLIX.
### Le Lynx miniature

Nous avions apprivoisé un chat sauvage,
Comme tu m'as charmé, ainsi qu'un petit faune.
Ta beauté dans mon cœur, temple profané, trône.
Décidément, je ne serai plus jamais sage.


## CLX.
### Le Pire

La douleur n'a pas de limite.
Mais, hélas, la douceur s'effrite,
Et le bonheur en soi s'évite.
La tendresse intacte est écrite.


## CLXI.
### L'Angle du Prisme

Hexagone de la pierre en perspective,
L'alvéole du cube ouvre sa croix de Pierre,
Arbre inversé versant son calice d'eau vive.
La flamme retourne sa coupe à la dérive,
Afin de conserver sa proportion entière.
Le pèlerin se pèle, serpent de sagesse
Refermant de son cœur le caducée en tresse.


*Guenizah, Le Septième Livre*

## CLXII.
### Précaution

Il ne faut pas bouger, car je suis plein de larmes.
De l'immobilité d'un désespoir secret,
Le trop-plein des émotions déborderait.
De la volonté l'Amour a baissé les armes.

## CLXIII.
### Prophétie rupestre

Dans le creux d'une caverne préhistorique,
Les cent quinze poignards des lunaires extrêmes
Pointent vers l'équinoxe magnétisés, mêmes
Aux cornes du taureau comme un croissant druidique.
Vestige résiduel d'un soleil viride,
Nous sommes la destruction d'une autre Atlantide.

## CLXIV.
### Le Baiser

Revenu à l'état d'embryon anémié,
Le doux succube a sucé toute la santé.
De ces instants d'étreinte, illusoire beauté !
De l'esclave laissant le cadavre séché,
Abandonné, frémissant recroquevillé,
Joyeuse, elle s'en va, ivre de sa fierté.

## CLXV.
### Débattements nocturnes

J'ai peur de m'endormir, parmi les cauchemars
Entrecoupés de souvenirs de nos amours.
O vertiges poignardés de soupirs hagards,
Impression de me confondre en ton aura !
D'étreintes perdues trop réalistes retours,
Sur l'oreiller baigné de pleurs, je crois te voir,
Et passe mes nuits à dire non dans le noir.
Et quand vient le matin cruel, tu n'es pas là.

## CLXVI.
### Division cordiale

Stratégie diabolique du mimétisme,
Se divise la cellule antédiluvienne.
Par l'imitation sans fin de son charisme,
Le Phœnix neuf renaît dans sa bulle malsaine.

Et le serviteur poursuit
Le maître d'œuvre asservi.

## CLXVII.
### Sommeil sépulcral

Tout près de ta petite hanche,
Tout blotti, si douce et si blanche,
Ah ! si je pouvais à nouveau
M'endormir comme en un caveau.

## CLXVIII.
### Mariage funèbre

Batterie celte à l'entrée de la Reine
Morte, perçant, et éclosant son aile,
Vit, dont le battement s'amuit, la frêle.
Fée implorée, une autre m'ensorcèle,
Baiser frôlé, dans l'éternel, à peine.
Silencieusement sacrifié pour elle,
Je veux mourir ainsi qu'une chandelle.

## CLXIX.
### Le Départ

Je m'en vais cette fois pour ne plus revenir.
L'espoir avait rêvé d'idéaux à venir.
En fou, ce jeu futile, il me faut le quitter
Pour une plus belle et terrible vérité,
Blotti aux creux des bras d'une amante mortelle,
La sublime Nuit, dormir au creux de son aile.


## CLXX.
### La Porte de la Chambre

Comme j'avançais dans le noir vers l'adorée,
Jusqu'à la lueur de la porte entrebâillée,
Elle était, dans les ténèbres interminables,
Ma seule petite lumière. Insaisissables
Instants perdus à jamais pour une plus dense
Obscurité sans intérêt pour l'existence.

## CLXXI.
### Les Lendemains

Plus que ce souvenir
Dont tu m'as dit mentir,
En vain, pour maintenir,
Illusion de tendresse,
En vie non sans frémir,
Le maudit sans désir.
Mendiant une caresse
Comme un chien attaché
Au bord de l'autoroute,
L'Amour n'est pas un doute,
Pendu pour s'envoler.
Ma vie semble une attente
De sa fin, mort trop lente.
De son si cher martyr
Epris, vers le Nadir,
Contemple en un soupir
L'horizon sa tristesse.

## CLXXII.
### Plus profond que le Cœur

La plaie peut s'approfondir,
Mais plus de place à blesser.
Du battement qui plus aime
Que du fond de son sein même,
Le cœur seul est transpercé,
Où le froid vient se blottir.


## CLXXIII.
### Vulnérable

Tu avais le pouvoir
Absolu sur ma vie ;
La plongeas dans le noir.
Nuit d'ultime agonie,
Dormir main dans la main,
Les doigts entrelacés.
Des baisers effacés,
Plus aucun lendemain.

*Guenizah, Le Septième Livre*

## CLXXIV.
### La Grande Lumière

Tout doit pouvoir exister,
Déployant sa beauté.
Chaque être potentiel
En son instant éternel
Rejoint son infinité.
Vers une immense clarté,
Se contracte le tunnel.


## CLXXV.
### Paralysie

Le soir s'écoule pathétique
Dessus la foule indifférente
Où maint regard énigmatique
Serre la main, hagard, descente
De l'étourdissement sociable.
En sa gourmandise insatiable,
Le diable phéromonal
Par un mimétisme fractal
Sépare les amants heureux.
Tissé par des liens ténébreux,
Se résout son espoir fatal.
Cours, cours, ô citadin peureux.

## CLXXVI.
### Gestation diabolique

Le tiers des âmes précipité sur la Terre,
Anges déchus prirent corps en la matière.
Aspirant par leur structure à la lumière,
Se meut l'esprit des humains, génie enfermé,
Comme un athanor en vase clos distillé.
Grandi par son détour, l'unique est purifié.


## CLXXVII.
### Nudité

Femme est souvent plus belle en gardant indistincts
Les secrets de son corps, pleins d'imagination.
Et de charmes discrets séduit les instincts
Caressant le désir d'une vague illusion.
Devant l'intime admiration, il faut se taire.
Même entièrement nue, tu gardes ton mystère.

## CLXXVIII.
### Agonie

Le tunnel sans fin vers l'enfer
Comme un sépulcre sous la mer
Où s'engloutit mon désespoir
S'engouffre à jamais dans le noir.
Pas moyen de sortir la tête ;
Le noyé dans son sang halète.
Dessous de l'amour les décombres,
Telle une ombre parmi les ombres.

## CLXXIX.
### Ma Muse perdue

Je me souviens de nos rencontres dans les ruines,
Ayant traversé la montagne par les bruines,
Pour te rejoindre à l'Œil brumeux de la Sorcière.
Nous avions rendez-vous tout près du cimetière,
Quelquefois, nous allions, sous le soleil radieux
Qui luisait de tes yeux, d'or sur tes cheveux,
Dans les vignes marchant, les doigts entrelacés.
Hélas! A tous deux, nos destins seront gâchés.

## CLXXX.
### Confidence muette

Le ciel éclatant d'azur trop éblouissant
Pour les noirceurs sans espoir de mon cœur souffrant,
Dont les battements violents troublent ma vision,
Semble une nuit dont l'obscurité me pénètre.
Amour sacrifié que tu traitas d'illusion,
J'ai peur, ton souvenir me hante en m'endormant.
Des silences profonds, tumulte de passion,
Le désir submerge mon sein, de ne plus être.

## CLXXXI.
### Battement

Une chauve-souris, juste devant mes yeux,
A l'instant, soudain, cligne de la nuit les cieux.

## CLXXXII.
### Echec

Nous sommes incarnés dans un rêve d'enfer,
Pantins suspendus aux filaments de l'éther.
Serpent d'airain dorant sous le soleil, d'Ishtar
La lune d'argent étreint ses cornes si tard.
Asclépios sous la forme d'une couleuvre,
Né dans un œuf de corbeau mature son œuvre,
Evoluant en multiples métamorphoses.
De l'astre éclos de Vénus s'abyment les roses.
Christique Osiris découpé tel Raspoutine
Paniqué, l'arbre plonge au ciel sa racine.
Un être attaque ou se recroqueville, implose.
La pique au cœur, en son mimétisme s'oppose.


## CLXXXIII.
### Hémophilie

Subtile ironie de la sympathie profonde
Pénétrant toute chose en fantaisie féconde,
Enfante encor des avenirs alternatifs
L'espoir noyé de pleurs des souvenirs plaintifs.
Le cruel éclat du jour éclaire sa face
Dont disparaît en soupirant la vaine trace.
Cependant que remonte un corps à la surface,
L'âme engloutie contemple un songe qui s'efface.

## CLXXXIV.

De la fin de la vie, attente interminable,
Pour qui a connu la passion formidable.
Et fût-ce une illusion, mon amour qui s'élance
Renaît des cendres de l'étreinte de l'absence.
Du fond de son désespoir, ma pensée t'évite.
Si tout cela pouvait se terminer bien vite !
J'ai bien rêvé de mettre fin à ma souffrance,
Mais il vaut mieux s'éteindre, oublié, en silence.

## CLXXXV.
### Aérophagie

Parmi les souffles émouvants de vents souffrants,
J'erre ainsi qu'un cadavre au milieu des vivants.
Cauchemar vampirisé dont l'amour blessé
Se vide dans le vide, un songe délaissé,
Tout près de toi, chante, en ses soupirs derniers,
Le souvenir de tous les instants adorés.
Et quand ce râle s'enfle, un soir mélancolique,
Se tait peut-être à jamais ce cri pathétique.

*Guenizah, Le Septième Livre*

## CLXXXVI.
### Nous étions là

L'aventurier des neiges était un chamane ;
Le type aux longs lobes, un ancien brahmane.
Plonge en le Cosmos, le lion des mers, Ariel.
De l'arbre verdoyant s'enracinant au ciel,
Revient à la racine le serpent nu.
De ses existences, Elie est revenu !

## CLXXXVII.
### Supplication

Ange Lucifer, toi qui es aussi Vénus,
Ecoute enfin la prière de l'amoureux !
L'origine et la fin, parmi l'éternité,
Ne seront plus qu'une âme au corps entrelacé.
Du soir et du matin, triomphe radieux,
Accorde au vaincu le repos d'Ahasvérus !

## CLXXXVIII.
### Le Lever du Sommeil

L'ultime symphonie d'un soupir d'abandon
Dans son agonie résume sa rédemption.
La synthèse sublime en chœur la passion
Unifiée par le son de la décision.
Alors, se dessine, obscur, le vide horizon.

## CLXXXIX.
### L'Arbre des Esprits

Aux vains ceps, jour de Baphomet, l'offrande
Rend l'âme au cinquième pilier plus grande.
La lune s'encorne en croissant druidique.
Coagulation métempsychique,
La souffrance des humains se compense.
L'ombre errante, un songe singeant, y pense.


## CXC.

Entrer dans le miroir, c'est rentrer dans son crâne.
Aux angles fuyants d'un temple labyrinthique,
L'esprit en soi s'égare, explorant sa panique.
Le mimétisme profanateur de l'arcane,
Dans les profondeurs, rencontre maint gardien
Tel aux portes d'un livre des morts égyptien.

## CXCI.
### Le Dernier Souffle

Plus ténébreusement, l'obscurité
S'avance en le cœur noyé, qui s'enfonce.
Carapace après couche encor s'engonce
L'espoir de son éternité, mort-né.

Il nage dans le noir, à grande aspiration,
Etouffant le carnage de son illusion.


## CXCII.
### Les Structures cosmiques

Tables géantes d'un minéral magnétique,
Furent par la fin bâties, comme le Donon,
Ainsi que d'immémoriaux temples du Dragon,
Les tardives cités des plateaux et des pierres.
Tels attirés par des planètes chtoniennes,
S'agrègent les éclats des masses souterraines.
Soulevés par l'effort de savantes prières,
Furent détachés à l'angle mégalithique,
Lors des conjonctions où s'entrouvre leur ombre,
Et soulevés les rocs dansant sous le ciel sombre,
Constellés partout sur Terre en cercles sans nombre.

*Guenizah, Le Septième Livre*

## CXCIII.

Je n'en peux plus de rester là à respirer.
En tous sens et vers tous les horizons courir
Sans jamais parvenir à fuir le souvenir.
Si ce long cauchemar pouvait se terminer !
Plus dur est l'abandon qui se croyait aimé,
Comme un réveil brutal qui ne veut pas finir.

## CXCIV.

Sous la voûte étoilée, temple microcosmique,
Proportionné en œuf, renaissance alchimique,
Se trace un parcours solaire, arche introspective.
Par sa marche modifiant la perspective,
Le solitaire se fond en la lumière.
Et par les éléments relevé de la terre ;
Se déploie la signification de la Pierre.

## CXCV.
Le Rêve aveugle

O rivages ensoleillés,
L'arcane explore ses cités.
Des bœufs d'Hélios dépecés,
La viande inanimée bouge.
Indique le mat, un fou rouge.

*Guenizah, Le Septième Livre*

## CXCVI.
### Le Trident

La flamme du serpent s'imbrique en son calice,
Phallus de Faune en l'ophidienne matrice.
Voici l'étoile formée d'un sceau hermétique.
Zodiaque herculéen, le dédale complique
L'édifice arachnéen où le cœur se pique.

## CXCVII.
### La Paume déchirée

L'Initié cloué par les mains
Est tombé en croix de Saint Pierre
Comme un déploiement de la pierre.
Guidant par l'enfer les Humains,
Le pendu croise sa jambière.
Les perdus coulent, flots d'airains.
Avec sa huppe familière,
L'enfant marche dans la lumière.

## CXCVIII.
### Je m'enveloppe de toi

Je m'enveloppe dans la couverture orange
Où nous étions souvent, et cela me dérange.
J'avais tant résisté, la douleur me démange.
La douceur du faux souvenir mon âme mange.
J'aimerais du remords me noyer dans la fange.

## CXCIX.
### Libation

Aujourd'hui, j'ai croisé, rétif, ton beau regard.
Tu fuis par pudeur. Joyeusement conversant
Faux, ton œillade observe le plaintif hagard.
Le cœur de l'amoureux proscrit verse son sang.

## CC.
### Le Sang de la Rose

Cryptés au fond d'une chapelle templière,
Les losanges gravés en croix de Saint André
Au solstice marquant le lieu de la naissance,
Le serpent qui se mord instille son essence.
Corps relevés de la fin des temps sumérienne,
L'esprit souffle l'âme en la dépouille égyptienne.
L'Oudjat fixe en face, assemblée, la lumière,
Mesures à sa larme d'or, décomposé.

## CCI.
### L'Espoir des Ténèbres

Dans le frisson glacial d'une nuit sans chaleur
S'est refermée sur le vide l'étreinte absente.
Des éclairs de l'éveil foudroiements d'épouvante,
Le rêve d'amour perdu s'étouffe en un pleur.
Quand d'un spasme trop faible se meurt le soupir,
A jamais pour un ultime oubli s'endormir.

## CCII.
### La Dernière Nuit

En un souvenir interdit, jamais vivant,
Tu dis que je brasse le vide avec du vent.
Paralysé par le froid de l'étreinte absente,
Dans l'infernale obscurité lente descente,
Mon âme explore les tréfonds toujours nouveaux
De la souffrance où s'éloigne encore son écho.

## CCIII.

### San Gennaro

Face aux crânes ; dessous l'autel hospitalier,
Non loin, par les degrés d'un sombre escalier ;
De Notre Dame des Soupirs ; au damier,
Présage de mort, le sang ne s'est liquéfié.
Ogives géantes à l'éclat d'or rosé,
Par un ancien transept mosaïque doré,
Fuient les étages souterrains de Saint Janvier
Où s'écroule une colonnade au fût brisé.
Dans un autre ailleurs descend par un baptistère
Du neuvième siècle au souterrain mystère,
L'innocent souverain, cœur noir, vers la lumière.


## CCIV.

Mythe d'un alphabet proto-cananéen,
Le Taureau céleste en poisson astronomique
Plonge, au tour du Delta, dans la porte atlantique.
Mais par les détours d'une roue kabbalistique,
Tel un serpent océanique égyptien
Bras levés, retourne à la croix l'oiseau humain.
L'homme se lève et crie son appel pathétique
Puis retombe accroupi comme un reptile ancien.

## CCV.
### 'Ayin

Le blanc de l'œil remonte, en transe. De l'œuf fonte,
Le double ophidien, par sa danse ignée s'affronte.
Sur la tête du dragon poussent trois tanquime,
Rameaux d'un feu philosophique, extase intime.

## CCVI.
### Conscience parallèle

Rassure-toi, je suis seul mais tu ne l'es pas.
Ma douceur veille dessous chacun de tes pas.

## CCVII.
### In Anima

Quinze août de mon cœur où la rose s'est fanée,
J'aime toujours l'ardeur où tu t'es enflammée.
Amour m'a rendu pareil à Saint Sébastien.
De ce moignon palpitant il ne reste rien,
Espérance de la tendresse profanée !
Mais coupe enfin de ton sabre ainsi qu'un frimas
Le cerveau nécrosé que tu inanimas.

## CCVIII.

Droit à l'euthanasie pour en bénéficier !
Crier, prier, hurler, pleurer, c'est terminé.


## CCIX.
### Descente aux Enfers

Vampirisé par une mante à l'œil céleste,
Charmé par l'illusion d'un visage angélique,
L'autre émasculé devant son mirage reste.
Le sang coule ainsi qu'en un sanglot pathétique.
Recule en ricanant l'amante diabolique.


## CCX.
### La Petite Pleureuse

De l'écharpe accrochée au coin, parmi les plis
Semble une âme inclinée de petite pleureuse.
Porte où pendaient les torchons de sanglots remplis
D'une fille de la taverne, malheureuse.

## CCXI.
### L'Instinct

Conscience insupportable,
Le vivant sans espoir
Traverse le miroir.
Contre le mur, s'écrase
Le double sans étreinte.
L'appel bascule, instable.
Et, poussée par la crainte,
Se bat en vain l'extase.

## CCXII.
### A l'égyptienne

Par une nuit pluvieuse au bleuâtre mystère,
Isis descend dans la foudre frappant la terre.
Et d'une nappe du Nil brumeux qui s'éclaire,
Remonte un pyramidion doré de lumière.

## CCXIII.
### Le Sang de la Pique

Œil dans le dos de Siegfried, la lance traîtresse
Révulse le cœur renversé, triste sagesse.

## CCXIV.
### Consolamentum

*A E.*

Du fond de l'anacréontique obscurité,
La douceur, un bref instant, m'a ressuscité,
De tes bras tant aimants que j'avais repoussés.
Toi seule as su charmer l'ingrat abandonné.
O langueur sans espoir des amants délaissés.

## CCXV.
### Intemporalité

La mer des fils de la louve ainsi qu'une crique
De l'archipel aux chiens s'élargit, atlantique.
Les colonnes d'Héraclès ouvrent vers l'Orient
Une baie engloutie d'un ancien continent.
Aux échos oubliés des conques d'ægypans,
Je vois revivre à leurs vibrations d'autres plans.

## CCXVI.
### Deus ex Machina

L'angélique hybridation des temps héroïques
Descend des foudres bleutés d'un char deltoïde.
Du camp des Celtes de Bure aux stèles mystiques
Des hauteurs du Taennchel, sous la mousse viride,
Luisent d'un éclat phosphorescent, incrustés,
Leurs pieds en le grès aux éclats cristallisés.
Dans le silence de la nuit sans bruit se posent
Où les druides dans leur télépathie reposent.

## CCXVII.
### Désespérance

Mon illusion d'amour, ma vie et mon espoir,
Je ne te cherche plus, désormais, dans le noir.
Et ma tête se fracasse au vide miroir.

## CCXVIII.
### L'Ogdoade mutilée

Paraphrase Sem par Seth, le troisième fils,
Ames décimées des sept têtes du Dragon.
D'un papyrus syrien l'erreur s'enrichit,
Où le lion sur l'océan se réfléchit.
Hiéroglyphe de Thot en le moudhif d'Isis,
Du temple prédynastique, émerge un fronton.

## CCXIX.

Toutes les perversions se contiennent en l'Homme.
De la lumière s'épand le divin rhizome.
Il s'agit d'exprimer leur dimension sublime.
De chacun l'existence, en soi-même, est son crime.
Pour éteindre d'un feu plus pur l'ardeur ultime,
De la perfection fatale atteindre la cime.

## CCXX.
### La Déesse manquante

L'Arachnéen mutilé, dragon septénaire
Remonté de la mer du Chaos primordial,
Tel un serpent aux gorges palmées du mystère
D'une Ogdoade hybride, a tissé l'or astral.
Etoile où se transmue des âmes le métal,
Le Valentinien tel Basile a su se taire.

## CCXXI.
### Héritiers tardifs

Parmi les rais astronomiques cupulaires,
Du camp des Celtes de Bure, inscrits dans les pierres,
Le druide fit des empreintes triangulaires.
Où fuyaient les loups geignant dans la nuit viride
De la sylve éclairée de leur chair translucide,
Parmi les chênes chargés de visions brumeuses,
Descendirent parfois des femmes lumineuses.

## CCXXII.
### Force inerte

Des foules tait l'indifférence psychopathe
De mon cœur oublié la joie par pessimisme.
Du Dragon se révulse l'œil troublé d'agate.
D'un jeu d'échos échangés par ce mimétisme,
Miré, se tisse un réseau où le roi se mate.

## CCXXIII.
### Laurence

Ivresse d'une gloire aux cavernes antiques,
Je voudrais caresser la nuit sur ton visage.
Quand par les souterrains de cités volcaniques,
Tes yeux contempleront leur couleur sur la plage
Assombrie des embruns des cendres du Vésuve,
Dans tes bras respirant un mystérieux effluve,
Nous nous perdrons sans fin. Mais le seul souvenir
D'avec toi vers nos contrées me fait revenir.

## CCXXIV.
### Bonne surprise

Le fond d'une bonne surprise
Dans l'horreur et la trahison
Souvent enracine l'emprise.
Le poison toujours plus ne grise
Et renaît de sa guérison.

## CCXXV.
### Hologramme apocalyptique

L'Egyptien vers le soleil ouvre les mains.
Dans un crépuscule à la sanglante rougeur,
Sous l'épée de feu de l'Ange exterminateur,
Se répandent comme une tempête de sable
Où prend forme une silhouette insaisissable,
Des nuées de criquets aux visages humains.

## CCXXVI.
### Fertilisation

Comme une plante, une âme arrachée, desséchée,
Renaît au printemps d'un seul éclat de racine.
De sa nouvelle vie, la proportion divine
Se révèle en une autre forme déployée
Pareille aux réseaux d'alvéoles pulmonaires
De l'Univers que respire son émotion.
Et réincarné d'atavismes séculaires,
Le passé se distord, trépassé de passion.

## CCXXVII.
### Résurrection sumérienne

Les spagyriques ossements se lèvent
D'une chair d'or structurant sa lumière.
Mis à part du faucon, tous les yeux crèvent
Face au soleil vivant fait matière.
Le soufre a dissipé sa pestilence,
Saturne écarte sa faux en arrière.
Autogénérée, s'avance en silence,
Le fou régénéré de sa sapience.

## CCXXVIII.
### Les Passions géométriques

Le guerrier possédé par l'ours tourne en rond,
Arthur revenu de sa réincarnation.
Poupée russe imbriquée des enveloppes d'âme
Dont se matérialise à mesure la flamme
Telle en un brasier rose Qwan-Yin méditant,
Se mord de son venin, comme un sage serpent.

## CCXXIX.
### Le Vent de l'Ouest

Hologramme d'un démon sumérien
Formé dans le sable de la tempête.
Résonne au loin une grave trompète.
Environné de mouches en nuage,
Parmi les sanglots d'un tremblant mirage,
Montre les crocs, d'un noir de sang, le chien.

## CCXXX.

Toi, des roses obscures la plus mystérieuse,
Sans étoiles, sous la fine onde ténébreuse,
Affleure à mon regard comme en une caresse,
Ta douce expression diaphane à peine incarnée.
Mais sous le halo effleurant cette tendresse,
L'âme traversée, par un mot, est terrassée.

## CCXXXI.
### Cathédrale goétique

La tête en un loculus de grotte à Patmos,
D'éternités stroboscopiques, l'exilé,
Des soixante-douze éons, voit le défilé.
Chacun lui parle, en son idiotique *logos*,
Profondeur infinie d'un monde introspectif.
A tête de chameau, soufflant l'esprit ardent
Ou effilant un rictus astral descendant,
La puissance s'équilibre en flux respectif.
Gargouilles assemblées des nombres et substance,
D'un temple occulte aux ogives en filigrane
Que le culte inculte aux temps derniers seul profane,
Se reconstitue en soi-même la conscience.

## CCXXXII.
### Kadingira

La porte des dieux, ziggurat babylonienne
Ouvre son dāleth en septuple spire au ciel.
Serpentement hermétique, en boucle fermée,
Se forme du psychisme enclos le caducée.
Jardin paradisiaque, un songe immatériel
Structure la construction sans fin du réel,
Ainsi qu'un sel cristallisant l'éparse chaîne,
Quand plonge, individu, l'envers universel.

## CCXXXIII.
### La Lampe de Bagdad

Violant un souterrain, d'Uruk non loin des monts,
Débouchant une fiole de spiritueux,
Certains soldats barbares buvaient des démons.
L'esprit voilé trébuche, et rouvrant ses yeux,
S'en va par le Monde émerveiller les curieux.

## CCXXXIV.
### Fantasma

Dans le miroir noir, se déforme le visage
Du songeur amoureux rêvant à son présage.
Vertiges idéaux des nuits, je me souviens,
Dont le réveil regrette une inconnue. Reviens !
Merveille aux yeux obscurs, le succube adorable
Ricane en suçant succombant, l'abominable !

## CCXXXV.
### Le Vol lesté

Accroché par les fils à plomb d'astres en arche,
S'érige l'écho des fils de la Terre, en marche.
A chaque pas, se bâtit le règne d'Arash,

Du Dragon combinaison apocalyptique
Où se trace en résonnances sa mosaïque,
Proportion neuve du Temple salomonique.


L'archer, toujours plus loin vers l'horizon vermeil
Cherche l'œil du radieux et mouvant soleil
Semblant des dieux mourants le tremblant appareil.


CCXXXVI.
A Viviane


Tu es plus adorable, ô belle Viviane,
Que la Dame du Lac où Lancelot se vit.
Le Monde se lamente, et s'imagine et rit.
Mais mon cœur dans ton sein à jamais se profane.


CCXXXVII.


La rose étoilée aux conjonctions de Vénus
Mise en abyme à travers le dodécaèdre,
L'œil filtrant dans le prisme joint sa triple branche.
Doux, entre oiseaux, babil, se tait la langue blanche.
Se déploie la pierre ainsi qu'une arche de cèdre.
Le pied du druide a frappé de son *maleus*.
De la pomme scindée, à l'aube éclot la tranche.

## CCXXXVIII.

Mélopée vespérale d'une goule exsangue,
L'affamé des montagnes d'Atlas mord sa langue.
Séduction superposée dans le miroir,
La ténébreuse ondule ainsi qu'un serpent noir.
Soudain, du milieu de sa sombre chevelure,
D'une pâleur subliminale claire-obscure,
Se retourne sa cadavérique figure.

## CCXXXIX.
### L'Œuf brisé

Remonte avec effort, le vol lesté, crevant
La paroi du cerveau, miroitant firmament.
En spirale rosée se choque dans sa voûte
De la terrestre transmutation la croûte.
Et l'immense cité qui se dissipe et dort
S'évapore au creux de la main en rose d'or.
Gestation sous la coquille, qui s'envole,
L'imagination à sa courbe se colle.

## CCXL.
### La Fin de l'Eté celte

A la naissance de l'hiver, nuit des morts,
Les ombres se matérialisent dans la brume,
Chassées par l'encens ou le chamane qui fume.
Les losanges situant d'après le solstice
L'angle où d'un lieu la croix de Saint André coulisse
Indiquent les magistrales coordonnées.
L'âme s'accumule d'existences déchues,
Battant comme un faucon qui s'agrippe à un corps,
D'animaux constellés, consciences confondues,
Caducée génétique en nos chairs connectées.


## CCXLI.

Vénus se lève auréolée par le soleil,
Ainsi les rais éclatés d'un flambeau vermeil,
Rose à cinq pétales dont les pistils renversent
La géométrie où les étoiles s'inversent.
Et l'alvéole de la lumière éclot,
Tissant les parois qui tracent un autre sceau.
Petit démon dans le pommeau de son épée,
Paracelse étreint ce paradis miniature
Tel Salomon, ou Thot le fractal caducée,
Fatal comme un reflet enclos de la nature.

## CCXLII.
### Phraséologie

Descendant de ceux tissant un ancien moudhif,
Sur le papyrus, s'animent les hiéroglyphes
Qu'un scribe trop lucide retranscrit, plaintif,
En des cryptages futurs qu'il sait apocryphes.


## CCXLIII.

Comme un fœtus recroquevillé sous la terre,
L'homme attend sa renaissance à la lumière.
Dagyde, ainsi que d'éléments, pétrie de glaise,
Le chacal au creux de sa main son cœur soupèse.

## CCXLIV.
### L'Iris de l'Astre

Tendant la toile de l'étoile du matin,
Le dodécaèdre met la rose en abyme.
L'œil du druide en le prisme observe de la cime
Avec justesse l'angle au solstice incertain.

## CCXLV.
### Trou de ver

Scintillant en constellation,
Le vol atterri du Dragon
Tel lesté par des fils à plomb
Aux entrailles se correspond,
De la terre en songe profond.
Que fend la flèche de l'affront,
La pomme, son étoile, au fond,
En abyme inversé confond.
Comme un troisième-œil, par le front,
Se scinde le crâne fécond
Que ronge ce ver au plafond.

## CCXLVI.
## La Trompe

Quand le mage sylvestre, en sa corne d'auroch
Vrombit en infrabasse un chant immémorial,
Qui s'épand au feuillage et vibre par le roc,
Craquent les rhizomes du frêne primordial.
Le noisetier, d'écureuils, frissonne en l'azur.
Le sanglier lui sourit de son œil obscur,
Le chevreuil le contemple. Et même les abeilles
S'amassent, parfumées, embrassant ses oreilles.
Et les grives lui parlent d'antiques légendes
Dont les corbeaux familiers portent les offrandes.
Viennent à lui les musaraignes et les lièvres.
Les papillons de nuit se posent sur ses lèvres.

## CCXLVII.
## Durch die Blume

L'amante au teint de rose, au détour du buisson,
Murmurant des secrets, parle à travers les fleurs.
L'Ariane effarouchée fuit en un frisson,
Telle une biche entre les feuillages, d'un bond,
Comme en un trompe-l'œil, le labyrinthe, en pleurs.

## CCXLVIII.
### Le Fort décimé

Descend de la cime du Mont,
Tel en un sceau de Salomon,
Le troisième-œil pointé du front.
Remonte au centre du fronton,
Comme un soleil d'or à l'orient.
De la connaissance omniscient,
S'explore l'univers conscient.

## CCXLIX.
### Le Serpent retourné

Le cycle du Dragon ferme en ouroboros
Le cirque vertébral de ses croissants lunaires
Aux quartiers de ses Œttir kabbalistiques.
Encerclé par cinq pans, resplendit Phosphoros,
Superposant les plans profonds des planisphères.
Se bouclent du Fou les mythes alphabétiques.

## CCL.
### Cicatrisation

Comme un petit rubis, parfois, la cicatrice
Renferme le joyau secret d'une blessure.
Ainsi qu'un bézoard dont reluit le feu,
Un baiser le ravive, embryon qui s'émeut.
Tel un cœur prisonnier de ses regrets, murmure
Le phœnix prisonnier de mon sein, sa matrice
En un spasme mourant contractant un soupir
Dont le souffle réanime le souvenir.


## CCLI.
### Dicton berbère

La forêt a des oreilles, dit le Kabyle.
Dans les noisetiers tors, les buissons, les fleurs,
Le frisson des bosquets, l'arome, les couleurs,
La nature parle un idiome de Sibylle.


## CCLII.
### Superstition symbolique

Deux serpents se battent, formant un caducée,
Tête à tête, en boucle infinie entrelacée.
La terre sourd de l'emplacement d'un trésor.
De l'athanor ardent, l'ouroboros se mord.


*Guenizah, Le Septième Livre*

## CCLIII.
### Introspection idéale

La chute humaine, manquant de chance et d'amour,
Tel un ange précipité dans la matière,
Astre déchu en correspondance hermétique,
Remonte en vibrant de son frisson pathétique.
Souffle spirituel dont la conscience sourd !
Les ailes de son torse, en un battement lourd,
L'œil plein de désespoir s'abaissent vers la terre.
Mais dans l'effort éperdu de son agonie,
S'envole en soi l'extase de sa frénésie.


## CCLIV.
### Energie obscure

Le Dragon reparcourt l'inverse zodiaque
D'astres noirs girant d'invisibles syzygies.
De l'esprit, ombre d'or, l'âme quitte les os.
En négatif, scintillant telles des bougies,
Les yeux d'escarboucle, dans l'arche qui craque,
Se fixent, du serpent de flamme sur les eaux.

## CCLV.
### Oméga primordial

Le symbole s'assemble entre un ciel flamboyant
Sur les eaux embrasées d'un terrestre océan.
Le sang d'un crépuscule intemporel emplit
Le vert d'émeraude où l'œil vers le soleil fuit.
Comme une pierre ensemble mirant ses regards,
D'*ostraka* se rassemblent les éclats épars,
Complétant leur prophétie tridimensionnelle
Par transparence en une coupe universelle.

## CCLVI.
### La Voie diagonale

Parmi les escalades aux meneaux grimpants,
En un château perdu des escaliers grinçants,
S'érigent en architecture archétypique
Les cartes égarant le rêveur en son arche.
Des reflets incomplets, le fol résout en marche,
De ces miroirs, la monade hiéroglyphique.

## CCLVII.
### Le Roi forestier

Par un arbre creux, s'aventure un souterrain,
Dont s'ouvre le tronc telle une porte d'airain.
Le puits en colimaçon remonte au couloir
De marbre d'un palais célèbre où, dans le noir,
S'éclaire soudain la bibliothèque oubliée.
Dans l'éclat désuet d'une aile condamnée,
Souffre le livre inconnu de la destinée.


## CCLVIII.

La rosée céleste, en la rose d'une toile,
Mire l'une en l'autre, ensemble, ses gouttelettes.
Comme Vénus met en abyme son étoile,
Le Tout dans chaque chose les contient complètes.
L'année se résout aux piliers de ses pétales
Sous les pleurs du soleil, en structures fractales.


## CCLIX.
### Le Dragon mutilé

Comme un serpent sans aile aspirant à la terre,
Ecartelé entre humanisme et nietzschéisme,
Se regarde l'humain s'abîmant en son prisme.
Le muet perd le souffle, agraire mécanisme.
Tel Pan paniquant, sa Syrinx tait son mystère.

*Guenizah, Le Septième Livre*

## CCLX.
### Palingénésie ophidienne

Souffle l'esprit d'or en l'oreille, le Python
Inspirant son ardeur au soleil d'Apollon.
Serein, mue le nouveau-né sous l'astre de plomb.
Symbole brisé, l'*ostrakon* épars, uni,
Assemble son message vaporisé, lui.


## CCLXI.
### Les Piliers de la Rose

Le soleil filtrant l'eau l'imprègne,
Radiation baphométique
Où le prisme éclot, mimétique.
De l'année, le coq anguipède
A son quintuple temple accède.
De l'ire et de la douleur règne,
Le roi dans la rosée se baigne.
La Vierge constellée d'or saigne.

## CCLXII.
### Enfin presque

Obélisque cubique, or, crucifions la pierre !
Œil révulsé trois fois de la conscience entière,
Une loi revit sans fin du feu de lumière.

Le cadavre noir renaît transporté par l'herbe
Qui sort de terre, écarlate, éclatant en gerbe.
Connais en toi-même un corps que l'âme exacerbe !

Et, cependant, de l'animal au minéral,
Revient la fée embrassant d'un essor fatal
La naissance inachevée d'un amour fractal.

## CCLXIII.
### La Marche du Temple

Le druide parcourt, comme en le rebâtissant
Dans son esprit, les vestiges monolithiques
D'un temple hyksos aux proportions astronomiques.
Résonnent, vidées, les colonnes métalliques.
Des traîtres étrangers ont fait couler le sang
Du maître égyptien son secret ravalant.

## CCLXIV.
### Pas de danse

Glisse sur le damier diagonal des arcades,
L'assassin caché dans l'angle à la dérobée,
Tel un trop bon valet. La voici égorgée.
L'ombre en miroir s'enfuit entre les colonnades.

## CCLXV.
### Le Symbole assemblé

L'âme de Prométhée crucifié dans la pierre
Revient comme un rapace, en fer de Longinus,
Manger son foie prophétique. Aube de Vénus,
Par les Enfers renaissance à la lumière.
Le symbole s'assemble de la renaissance,
Volonté de l'angoisse par la connaissance.

## CCLXVI.

Les tribus celtes, druidisme fatal,
Parmi des constellations minérales,
Perpétuèrent d'un âge glacial
Les axes de leurs visées primordiales.

Dans les angles des jeux vulgaires, des drapeaux,
Le dragon pythagoricien change ses peaux.

## CCLXVII.
### Affleurement sépulcral

La pierre close
Déploie ses résonances alchimiques
Comme une rose.
Quand se nécrose
Le renaissant, des herbes chimériques,
Or, se repose
En des convulsions cataclysmiques,
L'or décanté sur noir qu'il décompose.


## CCLXVIII.
### La Chatte

Sécurité de la bête dans sa tanière,
La nymphe ondule de sa chevelure et charme
Du philosophe ou guerrier l'âme la plus fière.
Puis elle se tourne sans une larme.


## CCLXIX.

La passion monte afin de replonger plus bas,
Pour cueillir l'infime résidu affleurant.
Implose le cœur fatal d'insidieux combats.
La vierge enfin sa membrane d'or soupesant
Eclate d'un métal cristallisé en sang.


*Guenizah, Le Septième Livre*

## CCLXX.

Quand l'esprit parmi ses souvenirs enfermé,
Lentement, se nécrose, il faut l'oxygéner.
O débauche funeste aux extases mortelles !
Ivresse enfourchée de ténébreuses prunelles.

## CCLXXI.
### L'Œil de la Conscience

Récompense innée de forces aériennes
Aux ailes ignées, s'ouvre de la connaissance
La lumière ainsi qu'une nouvelle naissance.
L'unicité croît de finitude infinie.
Omniscience oubliée de destinées sereines,
Se résolvent les calculs de la guématrie,
De ce langage universel géométrie.

## CCLXXII.
### A corps perdu

L'existence est un gouffre où, baignés de ténèbres,
Vers l'obscurité souffrent nos marches funèbres.
Toujours plus prend forme, chargé de son essence,
L'amas d'ombre incarné d'un soupir qui s'avance.
Mais quand il sombre enfin, le corps perdu s'élance.

## CCLXXIII.
### Le Baiser du Rat

Secouant la main, de la goule, ou par la tripe,
La morsure féline à notre chair s'agrippe.
Par les petits canaux d'une sylve onirique,
En pirogue, chemine un labyrinthe en crique.
Vision envenimée multipliant son principe,
La conscience universelle revient, panique.

## CCLXXIV.
### Le Juste Traître

Le treizième *Daïmon*, étoile du matin,
Sacrifie le serpent crucifié dans son sein.
Rose ensanglantée d'une émeraude alchimique,
La flamme du calice inverse au cœur sa pique,
Finale gestation d'une lance mystique
Fidèle au geste d'or de l'astre souverain.
Médite, en quatre, de sa robe revêtu,
Croisant ses jambes droit, à l'envers, le pendu.

*Guenizah, Le Septième Livre*

## CCLXXV.
### Transept secret

Nécropole étagée ainsi qu'un mastaba
En rouge et noir, des jardins de Sémiramis
Pavés de marbre où par l'arc d'une cathédrale,
Tour d'un amphithéâtre gothique en spirale,
Filtrent des vues plongées d'un dôme londonien,
Chemine un rêve profanateur tel un chien.
D'une grille où monte d'ailleurs l'obscurité
Semblant de réclusions une inverse aura
Comme au puits d'une tour souterraine d'Isis,
A l'entrée, sèche une artistique vanité.


## CCLXXVI.
### Prodige

Diamants reconstitués par Saint Jean chymiste
Des poudres en fragments foulés par les deux Grecs,
L'essence pure est rassemblée des éclats secs.
Pleurant, s'éloigne encor le philosophe triste.
Tel un corps unifié, de la voûte céleste,
Qui changeant de peau dans les lueurs, marche preste
Penché sous les pleurs, l'homme aux pluies se manifeste.
Montrant du bout du doigt, levant haut sa lanterne,
Dessous un œil ténébreux que creuse un cerne,
De ses larmes renaît l'errance la piste.

## CCLXXVII.
### Le Fruit de la Gnose

Etoile verte inversant son sépale,
La suite en cœur de sang de la rose,
Comme une coupe d'émeraude, implose.
Coupant la pomme, étoile génitale,
Sur la paume où son chiffre éclot, Vénus,
De la fée prisonnière *animus*,
Révèle sa géométrie fatale.


## CCLXXVIII.
### La Liberté

Constellation blessée d'un taureau caphtorien,
L'animal mutilé, la langue tatouée
Au soleil nouveau d'un renaissant scarabée,
Ankh occulte où le scorpion pince à vif Apis,
Telle une clef de Nephtys tourne son iris.
L'archipel remonte des eaux de Santorin.
Succube, Ishtar ravive un membre d'Osiris.
Le Phrygien chevauchant la bête déchaînée
Se mue, hermaphrodite, en déesse en son sein.

## CCLXXIX.
### Avant l'Aube

Revit, nature morte, d'objets la mémoire,
Dans l'angle de la porte ou grinçant de l'armoire
Comme une ombre du coin de l'œil entraperçue.
Soudain, transe au matin, l'obscurité remue.
D'une vanité profanée le matériel
Rejoue la danse sans mains de son rituel.


## CCLXXX.
### La Danseuse triste

Des pas de l'extase, expression pathétique,
La Reine de la fête inanimée s'ennuie.
La nuit d'opium respire ses parfums en pluie.
Les yeux bistrés, tels de John Collier la Pythie
En robe de sang sous son capuchon, transie,
Terpsichore danse, Muse mélancolique.

## CCLXXXI.
### L'Oiseau de nuit

Strige succombant, la sirène psychopompe
Tel un papillon de nuit plante sa trompe.
Fendant la fontanelle ainsi que d'un cerneau,
Le fantasme écartelé suce son cerveau.
Sphynge tête-de-mort, le succube, en saccades,
Aspire, avant de naître, des yeux les cascades
Où se débat déjà, les iris injectés,
Le vampire gloussant des souvenirs noyés.

## CCLXXXII.
### Enluminure aztèque

De leurs prismes infinitésimaux s'irise
Dans les encres, la structure microscopique.
Des couleurs signification géométrique,
La valeur par le nombre en boucle s'égalise.
Allégorie de la plante en le manuscrit,
L'algorithme additionne un texte sanskrit.
Dans un grimoire ancien, des plantes d'Amérique
Inconnues, Fontaine de Jouvence alchimique,
Etreignaient de femmes nues la matière grise.

## CCLXXXIII.
### Les Moiteurs propices

Brume écossaise où se matérialise un djinn
Ainsi que des vapeurs d'un soir de Samhuinn
Ou sans le coin d'une ruelle d'oasis,
Nagent les spectres en éclair frappant l'iris.
Sous la mansarde d'un grenier poussiéreux
Abandonné, l'errant rampe comme un faucheux.
Le démon du désert se meut dans la tempête
Et prend forme des sables soufflés en nuage.
L'esprit boursouflé s'émeut, semblant un mirage,
Avant de se dissoudre en fumée par la tête.


## CCLXXXIV.
### L'Etranglement de la Volonté

Comme à tâtons dans le noir absolu,
La douleur façonne l'individu.
Pourtant, l'angoisse étreint la volonté
A la gorge, maladive santé.
Vice vital, sel de l'unicité,
Universel de personnalité,
Le caducée, colonne vertébrale,
Réunit son humeur diamétrale.
Imprégnation de la musique morte,
Se tait le gardien vissé, de la porte.

## CCLXXXV.
### Au bord du Neckar

L'idéal sacrifié plonge dans son élan
Naïf sanctifié par quelque monstre charmant.
Extase éphémère rêvant d'éternité,
Dans l'œil de la bête, il croit trouver la clarté,
De l'innocence irrésistible cruauté.
Du haut du Golgotha de Heidelberg, tours creuses,
Marchant, songe un souvenir des ruines brumeuses.


## CCLXXXVI.
### Le Substantifique Moellon

Invisible dans les murs, du plus pur métal,
La chaîne unit les pierres de la cathédrale.
Tels des cristaux en sa structure minérale,
Crypte la main son allégorie minérale.
Mais l'édifice humain s'invente encor, fractal.

## CCLXXXVII.
### L'Œuvre de la Roue

L'ouroboros étreignant l'agneau sacrifié,
Emissaire cornu, forme une croix celtique.
Retourné, le python mord son cœur quand panique
Le capricorne jailli des eaux, reflété.
Et mûrissant de sa colère ignée, Le Faune
Se dévêt, tel un serpent, de sa robe jaune.
Mais, enfin mué sous le soleil d'Apollon,
Enchaîne son cycle achevé le Grand Dragon.

## CCLXXXVIII.
### Magie et Morale

La conscience universelle en nous s'influence,
Création de l'introspective prévoyance.
S'abîme en soi l'influx de la pensée magique.
Nudité muée de cette richesse alchimique,
Le pèlerin dans son humilité progresse
Et de son regard d'âme en rien ne s'intéresse.

## CCLXXXIX.
### La Nuit diurne

L'œil du sol, chant du coq, unit les éléments.
En caducée croisant ses jambes de serpents,
Le sphinx rebat de sa roue le cycle solaire.
Ce babouin vert coiffé d'un némès royal,
Songe ainsi qu'un scribe sage au baiser nuptial,
Singe léonin à flamboyante crinière
Dont le reflet d'or semble d'un félin stellaire.
Hermanubis et Typhon, basculant la sphère,
S'affrontent en un mouvement harmonieux.
La chouette les observe, esprit silencieux.

## CCXC.

Mars de Vénus s'approche au creuset de la lune
Qui s'accroche en le nombre d'un croissant druidique.
L'ombre s'étend, proportionnelle et mimétique,
Pied de Satan par l'astre d'amour en chacune.

## CCXCI.
### Arche oblique

Détachant son visage de coquecigrue
Comme en une barbe émergée, face feuillue,
Le serpent bouquetin s'embrase de sa mue.
Dans un fût de cèdre ballottant sur la crue.

## CCXCII.
### Centre obscur

La roulette ainsi qu'un astre noir,
Mélangeant ses couleurs alchimiques,
Tourne à l'image de rais cosmiques.
Le nombre additionné sans espoir
Se retourne de son triple envers
Complété de leur simple tiers.
Ainsi se résout, détour divin,
Par sa bouche au soleil en déclin,
La boucle du serpent ancien.


## CCXCIII.
### La juste Correspondance

Les mains en porte-voix par le verbe inspirées
Forment du Delta la porte géométrique
Dont s'inverse en étoile le reflet mystique.
D'autres branches en les spires superposées,
L'archéomètre céleste aligne sur Terre
Les conjonctions hermétiques de son mystère.

*Guenizah, Le Septième Livre*

## CCXCIV.

Cristallisation d'une croix celte égyptienne,
La roue roule d'une arche pré-cananéenne.
Svastika d'un soleil gaélique, s'embrase
Le pétroglyphe déployé d'un Graal d'extase.
Lance de Longinus brandie contre un héros,
Le vainqueur du dragon d'un frisson jusqu'aux os,
Dont la chair tombe ainsi qu'une rosée fractale,
Renaît de sa mue, incarnation fatale.

## CCXCV.
### Infini

Romance du diable, je pétune
Tel un musicien pauvre sous la lune.
L'accordéon argentin se déplie.
Et l'air sans faim s'avale à l'agonie.

## CCXCVI.
### Le Temple de la Porte

Du solstice hivernal flamboyant, une nuit,
La flèche dentelée de grès rose reluit
Comme une pyramide en un soleil ardent.
Du maître Faesch l'œuvre point tel un diamant.
Ainsi qu'un caducée de chair, la collégiale
Tend les chakras de sa colonne vertébrale.

*Guenizah, Le Septième Livre*

## CCXCVII.
### Soïbock

Dans le feuillage troglodyte, ainsi qu'un Faune
Dont se détache son visage rouge et jaune,
Le démon ricanant plisse sa large face.
L'inspiré s'invite, du bouc suivant la trace,
Aspiré, par ce mandala panégyrique
Qui l'évite d'un mimétisme sympathique.
L'odeur se mêle au sang de la putréfaction ;
Remonte des noirceurs sa purification.
Bave l'escart goth de divine proportion,
Archétype alsacien, en sa cave lubrique.
Qui gire, le sanglier sacré en rut panique.


## CCXCVIII.
### Envers

Dans un rêve orphique explorant l'autel d'Eros,
Sculpté du cèdre archétypique de Byblos,
Nul géomètre n'entre dans la pyramide.
Glaciation sans fin d'une vallée numide,
Point juste au fil du jour l'année des monolithes.
Des destinées les fluctuations sont écrites.
De l'obélisque à la pointe arde le spectacle
De l'astre nouveau ainsi qu'en un réceptacle.

## CCXCIX.
### Eclosion

Beauté d'écroulement de la destruction,
S'effondre au fond de l'abîme la construction.
Capitole, autre Babel en Rhamesséion,
D'une Maison Dieu foudroyée choit le donjon !
S'écoule du sublime la dérision.

## CCC.
### Le Tournesol

Le soleil est un tunnel, Monde négatif,
A l'image de l'être unique introspectif.
Et même la fleur se retourne, extasiée
Par une langueur végétale assassinée,
Cristallisation d'un essor vital. Tombée,
Concave imagination en crâne du sol,
La Terre semble ronde et gire ainsi qu'un sol.

## CCCI.
### Bonté cruelle

Se résout à se mentir l'angoisse sceptique,
Purification par l'orgie ascétique.
Sphinx cruel, un papillon de nuit de tristesse
S'abîme en une bienfaisance vengeresse.
Le serpent flamboyant remonte du calice.
De sa porte se parcourt le savant supplice.

## CCCII.
### Moralité

Matérialité des amours tumultueuses,
S'impriment en un cœur des voluptés tueuses.
En marche forcenée, cheminent les errants.
Une pensée enfin pour les pendus bandants.

## CCCIII.
### Le Cœur du Lion

En échos d'or de lumineuses proportions,
Harmonie des terrestres constellations,
Equateur des pyramides autour du globe,
La Terre gire en son cycle de précessions,
Inversions aux magnétiques inclinaisons.
Isis, du ciel révélée, fait tomber sa robe.
Métrique parfaite à la coudée de la sphère,
S'imbrique la vitesse, au cercle, de lumière.
Le Temple du Feu s'ouvre par les orifices
Jusqu'au centre aux planètes par ses interstices.
Au faîte en miniature, point à l'Est le jour,
Edifice incomplet que cet oudjat couronne.
Seul le regard du grand Sphinx dont le cœur résonne
Fixe en l'infini son astre ardent de retour.


## CCCIV.

Grotte derrière une cascade dans la jungle,
S'engouffre la bibliothèque des destins.
L'oracle immémorial trois fois tourne de l'ongle
Les manuscrits inconnus d'antiques lutrins.
Tels des dessins hiéroglyphiques d'oothèques,
Les desseins calculent, de prophéties toltèques.

## CCCV.
### Le Lotus

Le faucon prend son envol, d'Isis tel d'un trône,
Comme une âme revenant vers le nouveau-né.
De sinople, luit le crâne couronné
Dans la nuit où s'éclaire le ciel étoilé.
Le scribe lunaire ouvre ses crocs tel un Faune.

## CCCVI.
### La Lumière de l'Ombre

Les faces incurvées frappées aux équinoxes,
Du faîte aplati, base de la Pyramide,
Forment le nombre zodiacal de perfection.
Mimétisme aux contradictoires paradoxes,
Le serviteur banni, trivial, attend, placide.
Veille, intime ami, le treizième daimon,
D'une larme infime oculaire proportion.

## CCCVII.
### Somnambulisme éveillé

Petite porte dérobée
Sous l'escalier d'un perron,
S'ouvre à l'imagination,
Au détour de cave voûtée,
L'entrée de mondes souterrains
Où seul accède le rêveur.
Par des appartements anciens,
Souvent croise le visiteur,
Cercle d'esprits retardataire,
Mainte momie hospitalière.
Au vitrail d'un terne salon,
Quelque putrescible baron
L'invite. Errant, plus égarée,
Alors, enfin, sombre l'entrée.
Et, sans lanterne, se découvre
Un sanctuaire au brasier qui s'ouvre.

## CCCVIII.

Influence mentale et prémonition
Ne sont que les deux aspects de la perception,
De l'existence introspective création.
Tournoient les côtés du même médaillon.
Parmi les destinées, chacun sa dimension
Dont le réel noue la matérialisation.
Agir et percevoir, unique tension
De chaque objet où s'incarne notre passion.

## CCCIX.
Fatalité de la Liberté

Savoir aimer le plus lointain,
Voici notre devoir d'humain.
Aux antipodes, le prochain.
Il faudrait le mettre en voisin.
Seul dans l'amour luciférien.

## CCCX.
### La Divinité

La liberté se regarde en la conscience,
Explorant sa mise en abyme de sapience.
Trinité réunie par l'œil de la science.


## CCCXI.
### L'Autre Sanctuaire

Sur un temple où Janus bifrons se sacrifie,
De Saint Janvier le sang nouveau se liquéfie.
Coulisse du sépulcre, autel hospitalier
Où descend en secret un obscur escalier,
Ainsi que le ventail, un éventail de pierre
Dont se visite l'intérieur de terre.
D'un mimétisme expert, sert le valet de pique,
Harcèlement servile où s'épuise un cœur plié.
Degrés d'un archéologique labyrinthe,
Les vestiges d'un dédale de rues antique
Au septentrion se perd. Reste une colonne.
Le sage, sous l'orient, effeuillant la couronne,
Vers l'antre du Dragon chemine plein de crainte.

## CCCXII.
### Sigillum

Le calame gravant dans la chair de l'argile
Suintant du sang sur terre où l'orge germe en gerbe
Donne vie à son âme imprégnée par le verbe.
Ploie la tige fragile.
Et fermente le grain
Pour le frère assassin.

## CCCXIII.
### Fièvre

Tremble, étreignant le vide enflant son sein glacé,
L'émotion comme un squelette secoué.
Et dans l'air qui se trouble en un flot qui se gonfle,
Le battement d'agonie souffle, siffle et ronfle
Tel un oiseau qui se débat dans le goudron
Ou, privé de ses membres, face au sol, un tronc.

## CCCXIV.
### Nuit de sinople

L'homme Vert, père arbre, ainsi qu'Astaroth émerge
Des feuillages moussus, une nuit de Beltane.
De sauge entrelacé, contemple le chamane,
En un songe végétal emplissant son crâne.
La souche se referme et dévore la vierge.

*Guenizah, Le Septième Livre*

## CCCXV.
### Le Reflet de l'Ogive

A la porte d'un moudhif sumérien flambant,
Se dresse ainsi qu'en un Delta d'or le serpent.
Et dans les fondations de cette antique nef,
Un temple souterrain renoue en son aleph
Le calice incarné dont la vapeur s'élève.
Comme un lac souterrain qui remonte d'un rêve,
Le bassin rupestre en l'obscurité reflète
Le firmament qui gire au temps qui se répète.


## CCCXVI.
### L'Univers des Possibles

Différents aspects de la sphère,
Mirant ses facettes, la pierre
De la rose qu'elle déplie,
Sépale en pleur, pistils, relie.
De la perception la paresse
Comme un âne plein de sagesse
Hésite en un chemin trivial,
S'embranche le destin fatal.

## CCCXVII.
### Charge

Quand, surgi du feuillage impromptu, le cornu
Interrompt les jeux d'eaux d'un virginal corps nu.
Distillant de sa cornue, mélopée cornique,
Le serpentement mort, le bouc joyeux panique.

## CCCXVIII.
### Souvenirs du Masque

Reflété par ce regard ému, suppliant,
Mon esprit, faucon reculant, en mon cœur bat
Comme un nageur vers l'arrière plus qu'enfant.
D'un rêve qui s'assemble du sable au-delà,
Clef d'immortalité des terres d'harmonie,
Le nœud se renclot du lotus, y entra, fleurie.
Songeant aux blondeurs de Nitokris en l'or mat,
Je m'ensable, en ce souvenir, or, Ankhemmaât.

## CCCXIX.
### Le Cerveau retour-né

Matière noire au centre de la galaxie,
Gire le soleil obscur, entraînant les astres.
La graisse grise molletonnant l'Univers
Glisse ainsi qu'un globe englué de gob à l'envers.
Inverses syzygies d'invisibles désastres,
D'autres passions démultiplient l'ataraxie.


## CCCXX.
### Oppression

Le cauchemar, comme un oiseau nocturne, écrase,
Enveloppé, le torse, insupportable extase.
Angoisse ailleurs éveillée, le nuage noir,

D'un voyage onirique,
Avance en un couloir.

Se referme un sarcophage paralytique.

## CCCXXI.
### Spirales aquatiques

En méandres anisés, un ruisseau s'infiltre,
Phosphore opalescent d'une grotte oubliée.
Le flot gronde au dehors, tel de l'oubli le philtre,
Parmi les lueurs d'une sylve colorée.
La forêt bien connue craque dans le brouillard.
Nous voici de retour, des décennies plus tard.

## CCCXXII.
### Macrocosme hermétique

Au septuor du Dragon, se nouent en leurs cœurs
Les quatre gardiens du ciel, piliers immuables.
Des quarts-livres les messianiques narrateurs
Transmettent le flambeau dans la pierre des sables,
Archétypes animaux de leurs éléments.
Fond en rapace l'âme de l'ange aérien
Fixant d'un croissant cornu le feu léonin
Quand s'ajustent du Cosmos les ballottements.

# Sommaire

I. Introït

II. La Lance baissée

III. Spirale polaire

IV. La Toison obscure

V. *D'un arbre enraciné au ciel mimétique…*

VI. Les Mondes en sommeil

VII. Lamentations euphoriques

VIII. Placébo

IX. Clarté sanglante

X. N'as-tu rien fait pour moi

XI. Les Fruits nocturnes

XII. Teufelsgrund

XIII. Le Mythe perpétuel

XIV. Vénération cynique

XV. Fixation

XVI. Le Cadre

XVII. Incarnation tardive

XVIII. La Déviation juste

XIX. Ouvrez la Porte

XX. La Réincarnation d'un songe

XXI. Les Choses de souvent

XXII. A trois heures du matin

XXIII. L'Espace du Sabre

XXIV. Ecrasement

XXV. Suffocation d'amour

XXVI. Le Temple de Vénus

XXVII. Langueur subtile

XXVIII. Mon cœur est mort

XXIX. *L'Idéal est en nous, que tu y croies ou pas...*

XXX. Le Fils sauvage

XXXI. Etreinte inepte

XXXII. Mirage en vers blancs

XXXIII. Romantisme frénétique

XXXIV. A Sabrina

XXXV. Insensible

XXXVI. Les Naissances symboliques

XXXVII. Sédentarisation

XXXVIII. Mémoire perdue

XXXIX. Dionysos ô Chrestos Osiris

XL. Le Don

XLI. Ma Fée fatale

XLII. Le Grand Trépas

XLIII. Hommage à ma Dame

XLIV. Confrontation

XLV. Espoir sans retour

XLVI. Sensation

XLVII. C'est la Nuit

XLVIII. Soustraction

XLIX. Réponse

L. Nabla

LI. L'Absence

LII. Le Macrocosme subjectif

LIII. Spagyrie spirituelle

LIV. Les Arcanes inversés

LV. Les Enseignes de l'Œuvre

LVI. Les Avatars d'Horus

LVII. Etranglement

LVIII. Révélation voilée

LIX. Le Songe réincarné

LX. Couronnement

LXI. Un instant immortel

LXII. Le Commandeur

LXIII. Le Mystère d'Amour

LXIV. Shibboleth

LXV. Blason du cou

LXVI. Le Principe

LXVII. O Mensch

LXVIII. Un long regard

LXIX. Illusion cursive

LXX. L'Arche de Vénus

LXXI. Séduction secrète

LXXII. Os Athanor

LXXIII. Le Roulement de l'Œil

LXXIV. Le Linceul nocturne

LXXV. Denticule

1. Entre les Mondes

2. La Clef de l'Art

LXXVI. Incarnation de l'Existence

LXXVII. Personnalité des Eléments

LXXVIII. Le Sceau de Vitruve

LXXIX. Sur le canapé

LXXX. L'Androgyne Trismégiste

LXXXI. Harmonie d'affection

LXXXII. *J'ai rêvé que tu n'étais qu'un rêve…*

LXXXIII. Les Entités d'ondes

LXXXIV. Le Présent dort

LXXXV. L'Ombre lunaire

LXXXVI. Hymen occulte

LXXXVII. La Rosace du Cynorhodon

LXXXVIII. Monuments alchimiques

LXXXIX. Les Dynasties vaincues

XC. *En étoile offrant sa connaissance cachée...*

XCI. La Pétrification d'Ishtar

XCII. La Rose de l'Abîme

XCIII. Entrelacs d'amour

XCIV. Dans le Mirage

XCV. Rotas

XCVI. Le Pouvoir du Verbe

XCVII. Le Rapt de la Sphynge

XCVIII. Regard cyprique

XCIX. Pleurs subtils

C. Froideur

CI. La triple Splendeur

CII. La Prophétesse

CIII. Déisme

CIV. La Tête parlante

CV. La Divine Impureté

CVI. Admiration

CVII. Tu dors

CVIII. L'Infini du Réel

CIX. Ma Philosophe

CX. La Crypte sans Nom

CXI. Ego sum

CXII. Iris

CXIII. L'Accident

CXIV. S'il anse

CXV. La Sieste

CXVI. La Quête du Détour

CXVII. Attirance

CXVIII. Ma Douceur

CXIX. S'y fiant

CXX. Tétragramme

CXXI. Ou bien

CXXII. Le Germe moulu

CXXIII. La Porte forcée

CXXIV. La Houe du Coq

CXXV. La Musique des Prismes

CXXVI. L'Azur du Serpent

CXXVII. *Occulte intemporalité de la nature…*

CXXVIII. Aspiration céleste

CXXIX. Synchronicité vespérale

CXXX. Les Piliers de Baphomet

CXXXI. Les Lumières pythagoriciennes

CXXXII. Métaphysique cordiale

1. *Chaque germe afin d'enfin pour naître mourir…*

2. *Lyre ouroborique d'un pythien mystère…*

CXXXIII. Promenade au bord de la rivière

CXXXIV. Influence

CXXXV. L'Ame des temps

CXXXVI. Soufre d'abord

CXXXVII. Beauté élémentaire

CXXXVIII. Saisissement

CXXXIX. Singularité

CXL. Atavisme solaire

CXLI. Gambit royal

CXLII. Hululement chtonien

CXLIII. Moriturus

CXLIV. L'Espace vide

CXLV. Cène symbolique

CXLVI. Ta petite bouche

CXLVII. Contraste chimérique

CXLVIII. Je fonds

CXLIX. Partie de roulette

CL. Les Yeux secs

CLI. Nostalgie finale

CLII. Hermétisme mithriaque

CLIII. Canaux secrets

CLIV. La Lame d'Amour

CLV. L'Amant de l'Ombre

CLVI. A travers les cristaux

1. *Par une noire pierre de solstice...*

2. *L'au-delà creux d'une vie parallèle...*

CLVII. La Cheville cassée

CLVIII. Chant d'oiseau

CLIX. Le Lynx miniature

CLX. Le Pire

CLXI. L'Angle du Prisme

CLXII. Précaution

CLXIII. Prophétie rupestre

CLXIV. Le Baiser

CLXV. Débattements nocturnes

CLXVI. Division cordiale

CLXVII. Sommeil sépulcral

CLXVIII. Mariage funèbre

CLXIX. Le Départ

CLXX. La Porte de la Chambre

CLXXI. Les Lendemains

CLXXII. Plus profond que le Cœur
CLXXIII. Vulnérable
CLXXIV. La Grande Lumière
CLXXV. Paralysie
CLXXVI. Gestation diabolique
CLXXVII. Nudité
CLXXVIII. Agonie
CLXXIX. Ma Muse perdue
CLXXX. Confidence muette
CLXXXI. Battement
CLXXXII. Echec
CLXXXIII. Hémophilie
CLXXXIV. *De la fin de la vie, attente interminable…*
CLXXXV. Aérophagie
CLXXXVI. Nous étions là
CLXXXVII. Supplication
CLXXXVIII. Le Lever du Sommeil
CLXXXIX. L'Arbre des Esprits
CXC. *Entrer dans le miroir, c'est rentrer dans son crâne…*
CXCI. Le Dernier Souffle
CXCII. Les Structures cosmiques
CXCIII. *Je n'en peux plus de rester là à respirer...*
CXCIV. *Sous la voûte étoilée, temple microcosmique...*
CXCV. Le Rêve aveugle
CXCVI. Le Trident
CXCVII. La Paume déchirée
CXCVIII. Je m'enveloppe de toi
CXCIX. Libation
CC. Le Sang de la Rose
CCI. L'Espoir des Ténèbres

CCII. La Dernière Nuit

CCIII. San Gennaro

CCIV. *Mythe d'un alphabet proto-cananéen...*

CCV. 'Ayin

CCVI. Conscience parallèle

CCVII. In Anima

CCVIII. *Droit à l'euthanasie pour en bénéficier !...*

CCIX. Descente aux Enfers

CCX. La Petite Pleureuse

CCXI. L'Instinct

CCXII. A l'égyptienne

CCXIII. Le Sang de la Pique

CCXIV. Consolamentum

CCXV. Intemporalité

CCXVI. Deus ex Machina

CCXVII. Désespérance

CCXVIII. L'Ogdoade mutilée

CCXIX. Toutes les perversions se contiennent en l'Homme.

CCXX. La Déesse manquante

CCXXI. Héritiers tardifs

CCXXII. Force inerte

CCXXIII. Laurence

CCXXIV. Bonne surprise

CCXXV. Hologramme apocalyptique

CCXXVI. Fertilisation

CCXXVII. Résurrection sumérienne

CCXXVIII. Les Passions géométriques

CCXXIX. Le Vent de l'Ouest

CCXXX. *Toi, des roses obscures la plus mystérieuse…*

CCXXXI. Cathédrale goétique

CCXXXII. Kadingira
CCXXXIII. La Lampe de Bagdad
CCXXXIV. Fantasma
CCXXXV. Le Vol lesté
CCXXXVI. A Viviane
CCXXXVII. *La rose étoilée aux conjonctions de Vénus…*
CCXXXVIII. *Mélopée vespérale d'une goule exsangue…*
CCXXXIX. L'Œuf brisé
CCXL. La Fin de l'Eté celte
CCXLI. *Vénus se lève auréolée par le soleil…*
CCXLII. Phraséologie
CCXLIII. *Comme un fœtus recroquevillé sous la terre…*
CCXLIV. L'Iris de l'Astre
CCXLV. Trou de ver
CCXLVI. La Trompe
CCXLVII. Durch die Blume
CCXLVIII. Le Fort décimé
CCXLIX. Le Serpent retourné
CCL. Cicatrisation
CCLI. Dicton berbère
CCLII. Superstition symbolique
CCLIII. Introspection idéale
CCLIV. Energie obscure
CCLV. Oméga primordial
CCLVI. La Voie diagonale
CCLVII. Le Roi forestier
CCLVIII. *La rosée céleste, en la rose d'une toile…*
CCLIX. Le Dragon mutilé
CCLX. Palingénésie ophidienne
CCLXI. Les Piliers de la Rose

CCLXII. Enfin presque

CCLXIII. La Marche du Temple

CCLXIV. Pas de danse

CCLXV. Le Symbole assemblé

CCLXVI. *Les tribus celtes, druidisme fatal…*

CCLXVII. Affleurement sépulcral

CCLXVIII. La Chatte

CCLXIX. *La passion monte afin de replonger plus bas…*

CCLXX. *Quand l'esprit parmi ses souvenirs enfermé…*

CCLXXI. L'Œil de la Conscience

CCLXXII. A corps perdu

CCLXXIII. Le Baiser du Rat

CCLXXIV. Le Juste Traître

CCLXXV. Transept secret

CCLXXVI. Prodige

CCLXXVII. Le Fruit de la Gnose

CCLXXVIII. La Liberté

CCLXXIX. Avant l'Aube

CCLXXX. La Danseuse triste

CCLXXXI. L'Oiseau de nuit

CCLXXXII. Enluminure aztèque

CCLXXXIII. Les Moiteurs propices

CCLXXXIV. L'Etranglement de la Volonté

CCLXXXV. Au bord du Neckar

CCLXXXVI. Le Substantifique Moellon

CCLXXXVII. L'Œuvre de la Roue

CCLXXXVIII. Magie et Morale

CCLXXXIX. La Nuit diurne

CCXC. *Mars de Vénus s'approche au creuset de la lune…*

CCXCI. Arche oblique

CCXCII. Centre obscur

CCXCIII. La juste Correspondance

CCXCIV. *Cristallisation d'une croix celte égyptienne...*

CCXCV. Infini

CCXCVI. Le Temple de la Porte

CCXCVII. Soïbock

CCXCVIII. Envers

CCXCIX. Eclosion

CCC. Le Tournesol

CCCI. Bonté cruelle

CCCII. Moralité

CCCIII. Le Cœur du Lion

CCCIV. *Grotte derrière une cascade dans la jungle...*

CCCV. Le Lotus

CCCVI. La Lumière de l'Ombre

CCCVII. Somnambulisme éveillé

CCCVIII. *Influence mentale et prémonition...*

CCCIX. Fatalité de la Liberté

CCCX. La Divinité

CCCXI. L'Autre Sanctuaire

CCCXII. Sigillum

CCCXIII. Fièvre

CCCXIV. Nuit de sinople

CCCXV. Le Reflet de l'Ogive

CCCXVI. L'Univers des Possibles

CCCXVII. Charge

CCCXVIII. Souvenirs du Masque

CCCXIX. Le Cerveau retour-né

CCCXX. Oppression

CCCXXI. Spirales aquatiques
CCCXXII. Macrocosme hermétique

# Du même auteur

Recueils de poésie :

*Sépulcres*

*Noctifer, le porteur de nuit*

*Ouroboros*

*Les Révélations d'Awalhdouateden*

*Méditations lyriques*

*Les Mystères intérieurs, ou l'Arche d'Outanapishtim*

Autres recueils, poèmes inédits, contact :

*joelgissypoesie.blogspot.fr*

*Editions Books on Demand, 2016*

12/14 rond-point des Champs
Elysées, 75008 Paris
Imprimé par Books on Demand
GmbH, Norderstedt, Allemagne
ISBN : 9782322016778
Dépôt légal : août 2016

*Guenizah, Le Septième Livre*